全国科普创作与产品研发示范团队作品

快乐学堂系列

距离课堂最近的权威读物
影响孩子一生的阅读经典

从诚信出发

刘兴诗 黄寰 / 主编

青少年百科图书馆

科学性 趣味性 文学性

父母送给孩子最好的人生礼物

培养学习兴趣，提高综合素质，养成良好习惯，
探究人生道理，训练思维能力。

时代出版传媒股份有限公司
安徽教育出版社

图书在版编目（CIP）数据

从诚信出发 / 刘兴诗，黄寰主编．—合肥：安徽教育出版社，2015

（青少年百科图书馆）

ISBN 978-7-5336-8064-0

Ⅰ．①从… Ⅱ．①刘… ②黄… Ⅲ．①品德教育 - 青少年读物 Ⅳ．① D432.62

中国版本图书馆 CIP 数据核字（2015）第 203524 号

从诚信出发
CONG CHENGXIN CHUFA

出 版 人：	郑　可
质量总监：	姚　莉
策划编辑：	胡延东　杨多文　徐宝妹
责任编辑：	张　浩
装帧设计：	戴　军
责任印制：	王　琳
出版发行：	时代出版传媒股份有限公司　安徽教育出版社
地　　址：	合肥市经开区繁华大道西路 398 号　邮编：230601
网　　址：	http://www.ahep.com.cn
营销电话：	（0551）63683011，63683013
排　　版：	北京名壹堂图书有限公司
印　　刷：	三河市腾飞印务有限公司
开　　本：	660mm×960mm　1/16
印　　张：	11.75
字　　数：	163 千字
版　　次：	2017 年 3 月第 1 版　2018 年 2 月第 2 次印刷
定　　价：	28.80 元

（如发现印装质量问题，影响阅读，请与本社营销部联系调换）

编委会

主　编　刘兴诗　黄　寰

编　委　李庆雯　刘　慧　黎丙成
　　　　高永琼　张会英　陈国华

《从诚信出发》

文　字　刘爱莎　赵　威　翟雪琪

绘　图　陈　林　雷　蕾　李　玉

序 言

我们从呱呱坠地开始，就与这个浩瀚的宇宙有了质的接触。在与这个万花筒似的世界建立密切关系的过程中，我们会发现各种有趣的事物，接收到不同学科的知识。随着人类科技的发展，广阔缥缈的宇宙俨然成了一本供世人阅读的活页大百科全书，等待人们去探索，去学习，去掌握，去开拓。"青少年百科图书馆"丛书力求贯彻国家课程标准和各项专题教育纲要的精神，内容深入浅出，集知识性、趣味性、文学性于一体，以诙谐有趣的口吻、简洁规范的文字、精美生动的插图为读者呈现科普知识的饕餮大餐。这些科普知识与中小学各学科内容紧密结合，有助于提高中小学生的科学素养和人文素养。

本丛书内容丰富，有趣味盎然的古老传说、文笔优美的名人逸事、引人入胜的科学小实验、简明的知识等。为了让读者能够轻松地阅读，快乐地学习，积极地思考，本丛书的每一篇文章都有紧扣课程标准的"知识点"、开拓视野的"知识链接"、培养探索能力的"小实践"以及生动形象的手绘插图四个部分，让读者在循序渐进的阅读过程中与科普进行深层次的精神交流，同时激发读者对科普的热情，培养读者对科普的兴趣。

本丛书共计19本，取材广泛，知识新颖，分为两个系列——"快乐学堂系列"和"求知阶梯系列"，累计超过300万字。"快乐学堂系列"有10本，读完这一系列读物，将有助于你拥有健康的心灵（心理健康教育），理解诚信的真谛（诚信教育），具备初步的法律意识（法律），了解安全自救的基本知识（安全教育），增强对中国文化的美好情感（语文），懂得生命在于运动（体育），夯实英文学习基础（英语），树立环保意识(环境教育),养成懂礼貌的好习惯(礼仪教育),展开科学之旅(科学)。"求知阶梯系列"有9本,读完这一系列读物,你可以学习交谈的艺术(礼仪教育),爱上诚信这个朋友(诚信教育),体会弹指一挥间的快乐(体育),找到快乐的源泉(心理健康教育),接触生态建筑(生物),进入立体世界(数学),触摸穿越时空的门(物理),感受世界各地的魅力(英语),找准自己的目标(思想品德)。

在中国科协项目、四川省科技计划科普培训项目、四川省科协项目和成都市科协项目等的支持下,经过来自全国科普创作与产品研发示范团队"成都理工大学刘兴诗工作室"、成都理工大学四川省哲学社会科学普及基地、成都理工大学大学生记者站、四川创新区域经济研究院、四川省科普作协、成都市科普作协等部门的众多一线教学工作者和有着丰富写作经验的科普作者两年多的精心策划和编纂,"青少年百科图书馆"系列图书终于与读者见面了。同时,本丛书的所有绘图也得到了成都崇州市艺林美术学校的支持,由其组织供稿。作者团队殚精竭虑,在参考众多文献的基础上,尽量使本丛书反映出当代科学发展的最新信息,但是由于精力和水平有限,书中难免出现些许瑕疵,望读者不吝赐教,以便我们不断改进。

刘兴诗

2016年7月

目 录

第1章 诚实勇敢 ······ 1

一个人的考试 ······ 2
谎话外衣 ······ 4
绿色的舌头 ······ 6
我的尺子 ······ 8
虚报成绩 ······ 10
冬冬历险 ······ 12
小卖部 ······ 14
栽了大跟头 ······ 16
家有"老鼠" ······ 18
带锁的本子 ······ 20
吹牛大王 ······ 22
铅笔失踪记 ······ 24
钢笔掉了 ······ 26
诚信是金 ······ 28
诚实最可靠 ······ 30
谎话阿三 ······ 32

第2章 知错就改 ······ 35

丁丁的荣誉 ······ 36

老师病了·····38
饿坏了的乖乖·····40
谁打碎了花瓶·····42
不是我的错·····44
诚心改过的皮皮·····46
是谁在说谎·····48
划破的衣服·····50
谁拿了我的蛋糕·····52
敢做敢当·····54
100分和95分·····56
虚荣的小千·····58
头上起包了·····60
乱丢垃圾的坏小可·····62
放下面子·····64
谁偷吃了柿子·····66
好孩子·····68
知错要改·····70
谁是三好学生·····72
捐书记·····74
诚信的力量·····77

第3章 知礼守信·····79

带相机·····80
诚信小站·····83
为了诚信·····85

小韩报恩·································· 87
守口如瓶·································· 89
诚为真金·································· 92
哪儿来的糖果······························ 94
生日礼物·································· 96
泽子与涵子································ 98
勇 敢 者·································· 100
作文风波·································· 102
守时最重要································ 104
一诺千金·································· 106
秋 游······································ 108
我 能 行·································· 110

第4章 真诚待人·································· 113

小 汽 船·································· 114
捉 迷 藏·································· 116
哪条路更长································ 118
阿姨开店·································· 120
诚实才是好礼物···························· 122
食堂风波·································· 125
不能说的秘密······························ 127
"诚实"小姐······························· 129
你快乐我快乐······························ 131
是谁不靠谱································ 133
爸爸的教训································ 135

谎言的代价	137
国旗下	139
西瓜皮的故事	141
羽毛球比赛	143

第5章 置"诚"于"借" …… 145

借伞	146
城里的朋友	148
借书风波	150
循环不止	152
有破洞的牛仔裤	154
一个发霉的面包	156
穷追不舍	158
"透明"墨水	160
被遗忘的玩具车	162
消失的参考书	164
还书记	167
不再这样犯错	169
守住信念	171
关键的一票	174
一支笔惹的祸	177

一个人的考试

 有时候好东西唾手可得,但如果要以失去诚信为代价的话,那是不值得的。

小宇从小的梦想是当一名航天员。他觉得做一名航天员,既能在浩瀚的宇宙中旅行,又能受到人们的尊敬,多好呀!

可是梦想归梦想,现在的小宇还是一名小学生,他每天都要为作业和考试而努力。这不,这个周末就要数学考试了,虽然小宇成绩一直很好,学习踏实用功,可是他有一个大毛病,那就是粗心。

小宇是个马虎大王,不是把"+"写成"-",就是把"12"写成"21"。因为这个坏毛病,小宇犯了很多不该犯的错,他头疼极了。

今天考数学。不一会儿,小宇就把所有的题解答完了。他心中暗暗高兴:"哈哈,居然没有不会做的题,这次会不会考到100分呢?"可是,小宇又担心因为自己的马虎而丢掉分数。

正在这时,同桌小丽也做完了试卷,小丽有几道题不会,就悄悄问小宇答案。小宇不好意思不告诉小丽答案,可他又不愿意作弊,于是只好将卷子摆在桌上让小丽自己看。小丽做完后便开始比对两人的答案。

过了一会儿,小丽就轻轻叫小宇,她说:"你这道题算错了,正确答案应该是选B,而你选的是C。"小宇疑惑地看着试卷,将那道题重新一算。啊,果然自己又是因为粗心而把运算符号看错了。自己怎么那么粗心呢!小宇在心里责备自己。

小宇正准备要将答案改正,这时,心中却响起了一个声音:"小宇,你这样做是对的吗?你这是在作弊,这是不诚实的表现。你明明算错了却要改,这样得来的100分是不完美的,下次再认真做,靠自己的努力得到100分吧。"

但此时小宇的脑海中又响起了另一个声音:"可是,只要你轻轻地动两笔,你就很可能得100分呀。虽然这是不诚实的,但如果不这样做,满分就与你失之交臂了。"

小宇犯难了,他不停地在这两种想法间徘徊。这时候,下课铃响了,老师让他们交卷。究竟改还是不改?小宇想道:"我是要成为一名航天员的,难道航天员会为了一点小小的荣誉就放弃自己的诚信吗?"想到这儿,小宇心中充满了坚定,他毅然决然地放下笔,将卷子交了上去。

这次真实的、一个人的考试,让小宇的身上真正散发出一名航天员应有的光辉。

知识链接

诚信是你价格不菲的鞋子,踏遍千山万水,质量也应永恒不变。

诚信像一面镜子,一旦打破,你的人格就会出现裂痕。

小实践

如果你是小宇,你会如何选择?如果你是小丽,你会为自己的做法感到羞耻吗?

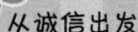

谎话外衣

 谎言只是一件由外表美丽的泡泡做的外衣，一戳即破。

这天上课时，老师讲起了中国有名的大城市：北京、上海、南京……这些城市有那么多同学们没见过的好玩的东西，大家都想去游玩一番。

下课了，大家兴高采烈地讨论起来，讨论最多的自然是首都北京了，因为北京有长城、故宫、圆明园……北京的每个地方都充满了历史的韵味。大家都梦想着有一天能亲眼看看这些名胜古迹。

突然，小宇说话了："我都去过北京了，你们谁还去过？"这句话立刻吸引了大家的注意。大家惊奇而羡慕地望着小宇问道："那你去爬过长城了吗？"

看到大家一副崇拜的表情，小宇骄傲极了，高兴地回答："当然了，我不仅爬了长城，还游览了故宫呢！长城好长好长，一眼望不到尽头；故宫里面宝贝多，收藏着很多年前的瓷器、青铜器，还有绚丽的宝石、一卷卷古书……不过，我最喜欢的就是新闻里常说的那个十二生肖兽首，听说原来是圆明园里的，那十二个小铜像，精致极了，简直栩栩如生……"

大家出神地望着小宇，听着这些奇妙、有趣的故事，羡慕地对小宇说："哇，小宇你真厉害，去过故宫，还爬过长城，我们也好想去。"听到大家的赞扬,小宇神气极了。

这时,在一片赞扬声中,突然出现了一个怀疑的声音,原来那声音来自平常很爱看新闻的小威。他懂得可多了,被同学们称为"活的百科全书"。

小威说:"可是不对呀,我在新闻里看到,十二生肖兽首并不都在中国呀!好像鼠首和兔首是被法国个人收藏着,还有狗首、蛇首等都下落不明,你怎么会在故宫里看到呢?"老师听到后,证实了小威的说法。

大家疑惑地望着小宇,小宇脸红了,不好意思地说道:"其实我没去过北京,我说的这些都是在电视上看到的……"后来,同学们都说小宇是个"小骗子",大家很难再相信他了。

从此,小宇不再得到同学们的信任。他非常后悔,觉得当初真不应该披上一件谎话外衣。

知识链接

故宫位于北京市中心,也称紫禁城、故宫博物院。故宫被誉为世界五大宫(其余四个为法国凡尔赛宫、英国白金汉宫、美国白宫和俄罗斯克里姆林宫)之一,并被联合国教科文组织列为"世界文化遗产"。

小实践

你会为了得到别人的赞美和羡慕而撒谎吗?如果会,这样做值得吗?

绿色的舌头

 犯错之后说谎是错误的选择，应该勇于承认错误才对。

随着冰雪的消融，天气开始转暖。大家脱下厚厚的冬装，穿上轻便的春衣。爸爸妈妈牵着小霞和弟弟小文去商店买东西。挑来挑去，姐弟俩一人挑了一根棒棒糖，小霞挑的是青苹果味的，小文挑的是草莓味的。

回到家后，小霞放下棒棒糖，就背起书包去上学了，爸爸妈妈也匆匆忙忙地去上班了。小文因为还没有开学，就悠闲地坐在家里看电视。他一边看着动画片，一边吃着棒棒糖。不一会儿，小文就把自己的棒棒糖吃完了。草莓味的水果香还在他的齿间流连，使他意犹未尽。

咬着那根没有糖的棒子，小文想："不知道姐姐的青苹果味棒棒糖是怎样的味道呢？"小文犹豫了好一会儿，终于决定去看一看姐姐的那根棒棒糖。他撕开包装纸的小口，看到青色的糖果，嘴里流起口水来。

小文情不自禁地舔了一口，"青苹果味的棒棒糖好香！"这时小文可管不了那么多了，撕下包装纸，将整个棒棒糖放在嘴里吃了起来。直到全部吃完，他才开始着急：自己把姐姐的棒棒糖吃完了，姐姐回来一定会生气的。于是他把包装纸藏了起来，装作若无其事的样子，继续看起了电视。

很快,姐姐放学回到家,发现棒棒糖不见了,于是问小文有没有看到。小文一脸无辜地说:"没有啊!"这时妈妈走过来,让小文张开嘴说"啊"。小文刚一张嘴,大家全都笑了,原来小文的舌头变成了绿色的,这是姐姐那块青苹果味的棒棒糖在他舌头上留下的颜色。小文羞愧地低下了头。

爸爸对他说:"小文,你不是在背《三字经》吗?《三字经》里有一句'曰仁义,礼智信;此五常,不容紊',意思就是我们中国人很重视仁、义、礼、智、信,要时刻怀着仁爱之心老老实实地做事,堂堂正正地做人,不断用知识充实自己,讲信用。这是做人处事的标准和原则,每个人都应当学习,对不对?所以,以后可不能再说谎了。"

听到这儿,小文使劲点了点头。

从此,小文的心里深深地烙下了"诚实守信"四个字。

知识链接

《三字经》与《百家姓》《千字文》并称为三大国学启蒙读物。它短小精悍、朗朗上口,是中华民族珍贵的文化遗产,其内容涵盖了天文、地理、道德、历史等,真是"熟读《三字经》,可知千古事"。

小实践 为了得到想要的东西,你会说谎吗?

我的尺子

知识点 如果我们意外拾到了东西，当失主出现时，我们就应该毫不犹豫地把东西还给他。

一个晴朗的中午，明明嘴里哼着小调，慢悠悠地走在上学的路上。一会儿，他来到了学校门口，突然觉得踩到了什么东西，低头一看，原来是一把长条形的尺子在阳光下闪闪发光。明明捡起来一看，咦！这是一把制作精美又非常可爱的尺子！尺子上面还印着一只有趣的小兔子呢！

明明非常高兴，他拿着捡来的尺子来到了教室，立刻向同桌小红炫耀说："你看，我妈妈刚给我买的新尺子，漂亮吧！"小红拿过尺子一看，疑惑地说："这不是兰兰刚才丢的尺子吗？"

于是，小红忙把兰兰叫过来，兰兰正为丢了尺子而哭鼻子呢，因为那把尺子是在外地工作的姐姐送给她的生日礼物。她把尺子揣在兜里，谁知在来学校的路上，她蹦蹦跳跳的，把尺子给弄丢了。

兰兰忙走过去，破涕为笑道："终于找到了！终于找到了！"明明急了，忙为自己辩解道："这是我妈妈给我买的，我妈妈给我买的！"

兰兰坚定地问道："你说尺子是你的，那么你的尺子有什么特征？"明明愣了，只好吞吞吐吐地说："这是新的，没什么特征呀。"

这时兰兰乐了，对大家说道："这是我姐姐送给我的生日礼物，当时我见兔子眼睛是白色的，就用画笔将眼睛涂成了红色的！"大家一看，只见尺子上兔子的眼睛果然被笔涂成了红色的，那只可爱的小兔子正炯炯有神地望着大家呢！

于是大家的视线都转向明明，明明羞愧极了，真想找个地缝钻进去。

好几天过去了，大家都不再和明明玩，这让明明伤心极了。他想，以后一定不能再把别人的东西据为己有了！

知识链接

拾金不昧：金，原指钱财，现泛指各种贵重物品；昧，隐藏。拾金不昧指拾到东西并不隐瞒下来据为己有，意指良好的道德和社会风尚。拾金不昧历来是中华民族的传统美德。

小实践 如果你拾到了一把精美的尺子，你会怎么办？你会做一个拾金不昧的好孩子吗？

第1章 诚实勇敢

虚报成绩

谎言终究是谎言，不可能成真。说谎只是在欺骗自己，却骗不了别人。

华华是一个聪明听话、好学上进、成绩名列前茅的好孩子。但是，最近他迷上了电子游戏。每天放学铃声一响起，华华就迫不及待地跑到学校旁边的电子游戏室玩游戏。

期中考试就要到了，正痴迷于游戏的华华想："不怕，反正我以前每次都考得不错！"于是，他继续在游戏室里玩游戏。可是考试的时候，华华却傻了眼，急得抓耳挠腮。

考试成绩出来后，老师和华华都吓了一大跳。原来在班上成绩一直前三名的他居然只考了65分！华华伤心极了，放学后拿着试卷走在回家的路上，心里好像十五个吊桶打水——七上八下。

华华真怕回家以后爸爸妈妈会责备或者训斥他。要知道，他可一直是老师心目中的好学生、爸爸妈妈心目中的乖孩子啊！华华难受极了，不过很快想出了一条妙计：不告诉爸爸妈妈真实的成绩，骗他们一次。于是，他悄悄地把试卷藏了起来，假装高兴地朝家走去。

回到家后，爸爸妈妈问起成绩，华华满脸堆笑地说道："我考了90分！"爸爸妈妈听了很高兴，于是带着华华出去买好吃的。

谁知在回家的路上，他们竟然遇到了华华的老师。老师正纳闷：一向听话的华华怎么会只考了65分呢?看到华华,老师便问道:"华华,你最近是遇到了什么事吗,怎么这次考得那么不理想呢?"爸爸一听,觉得奇怪,忙问:"华华不是考了90分吗?""90分?这次华华的成绩只有65分啊!"老师说。

大家恍然大悟,原来华华撒谎,隐瞒了真实的成绩!

谎言被戳穿了,华华的脸倏地一下红了……

回到家后,华华以为这次肯定要挨打了。谁知爸爸妈妈并没有责骂他,更没有打他,而是语重心长地对他说:"华华,一次考试失败算不了什么,我们的一生中会有很多考试,但是虚报成绩是不对的,我们不应该说谎。这一次你说了谎,尝到了甜头,下一次你就会又想说谎。但是,谎言终究是谎言,不可能成真,说谎只是在掩耳盗铃。华华,你明白了吗?"

听到这些,华华羞愧地低下了头。

知识链接

古时候有人想偷一口钟,他打算用锤子将钟砸碎以后再背走。可他刚一砸,那口钟就"咣"地响了。他想,如果把耳朵捂上,不就听不见了吗?于是,他急忙把自己的耳朵紧紧捂住继续敲。这就是掩耳盗铃的故事。掩耳盗铃的意思是,明明掩盖不住的事情偏要想法子掩盖,比喻自己欺骗自己。

小实践 如果你是华华,你会虚报成绩吗?如果说了谎,你会勇敢承认吗?

冬冬历险

 不要为了一时的虚荣而丢掉了诚信。

六年级一班的同学们这两天显得格外兴奋,因为六一儿童节快到了,他们全班同学将在老师的带领下一起出去游玩。

对于即将到来的小学最后一个儿童节,同学们充满了期待。大家都在热烈地讨论着该去哪个地方玩,该玩什么,该怎么玩才能更有意义。

"我们应该来点刺激的。"冬冬兴奋地说道,"我们以前都是去郊外农家乐等地方进行野炊、烧烤什么的,今年我们应该尝试点新鲜的东西,不能老像原来那样玩,干脆来点刺激的好不好?"

听到这一建议,大家都表示赞同。于是,一群小伙伴又开始七嘴八舌地商量该去什么地方玩,该玩什么。大家提到了很多,比如去登山、游泳、户外探险等。正当讨论热烈进行的时候,冬冬说出了他新奇的想法:去鬼屋探险。

大家异口同声地表示赞同,纷纷称赞冬冬点子多、胆子大。不过,其中也有胆小的同学反问道:"鬼屋,我不敢去,你不怕吗?"

"那有什么,不就是一些人扮的鬼嘛!虽然里面环境阴冷、气氛恐怖,但是那些都是假的,我觉得没什么大不了的。我上次去就一点都不害怕，大人们都夸我勇气可嘉。"冬冬摆出一脸不在乎的表情，傲慢地说道。

此话一出，所有的同学都向东东投来钦佩的目光，而冬冬更是手舞足蹈、得意扬扬。

可是到了儿童节那天，真的去了鬼屋，大家才发现，原来冬冬是个胆小鬼。他可没有像他说的那样勇敢，甚至比一些女生还胆小。大家问他："你怎么了，是不是生病了？"此时的冬冬感到谎言编不下去了，想到自己撒谎本身就不对，他终于坦诚地说道："我只是因为一点可怜的虚荣心而撒了谎，对不起，我欺骗了你们。"

冬冬改过自新，最后大家都原谅了他。

知识链接

真诚是一种心灵的开放。
——拉罗什富科
如果要别人诚信，首先自己要诚信。
——莎士比亚

 小 实 践　你是否也有过类似的经历？遇到这样的事你应该怎样做呢？

第1章 诚实勇敢

小卖部

 做人一定要诚实守信，这样才能赢得大家的尊重与信任。

小红和小花是很要好的朋友，也是两个"小馋猫"。每天放学后两个人都会结伴到学校附近的小卖部买点零食吃。

这天，和往常一样，两个人又来到小卖部买吃的。

"嘿，你尝尝这个薯片吧，还挺不错的。我昨天吃了一下，又干又脆又麻又香，很好吃。"小红率先说道，她激动地拿起一袋薯片推荐给小花。

"哦，不好意思，我今天感觉喉咙比较干燥，我想吃点清凉的东西，不想吃这样干的东西。"小花抱歉地对小红说道，"我明天再吃吧。"

"好吧。"小红说，"那我们继续看吧。"

于是，她们俩继续往小卖部里面走去，仔细地挑选着今天想要买的零食。

当她们走到最里面时，突然，小红一不留神就把店里的一支棒棒糖碰掉在了地上。这下可糟了，棒棒糖掉在地上摔碎了。小红看着棒棒糖的样子，确定它已经卖不出去了。

小红朝四周望了望，只见四周没有人，只有她们两个。小红拉住小花的手，立刻就往外走。

看着小红想要逃跑的样子，小花拉住了小红，对她说："小红，你想逃跑不赔偿棒棒糖吗？你怎么能这样呢？你怎么能这么不负责任地就走了呢？你应该捡起来找到店主将钱赔给他。"

小红小声地对小花说："我想既然没人看见，那我就干脆直接走了。不然我还要赔偿这支棒棒糖的钱。"

小花听了小红这样的回答后，严肃地说："小红，做人可不能这样啊！做人最重要的就是诚实守信，一个人如果没了诚信的话，还怎么可能得到他人的信任呢？如果你以后做事都像今天这样不诚信，欺骗他人的话，人们自然会觉得你这个人不可靠。时间长了，你身边的朋友就会一个一个地离你而去。我想你肯定不会希望那一天的到来吧。"

小红听了小花对自己说的这番话之后，羞愧地脸都红了，她惭愧地低着头说："其实我也想要诚实守信，但是刚刚我一下觉得害怕，害怕店长责怪我，所以我才选择了撒谎。但是现在经你这么一说，我想我已经懂得其中的道理了。请相信我，我以后绝不会再做这样的事了。"

小花看着自己的好朋友重拾起了诚实守信四个字，高兴地拉着小红的手，找店长买下棒棒糖。

知识链接

《中庸》认为，"诚"是人性的内在本质，是修身、齐家、治国、平天下的根本要求。《中庸》说："自诚明，谓之性；自明诚，谓之教。诚则明矣，明则诚矣。"

小 实 践 如果小红最终没有去找到店长买下棒棒糖，小花还会继续和她做朋友吗？为什么呢？

栽了大跟头

 犯了错误就应该勇敢承认，用撒谎的办法去逃避是徒劳的。

小松愉快地走在上学的路上，当路过一座小桥时，看到下面的溪水清澈见底，可爱的鱼儿在水里游来游去。

小松几乎看呆了。那些欢快的鱼儿多好玩儿呀！他兴奋地脱下鞋袜，蹲在小溪边用手去捉那些小鱼。可是，那些小鱼不是那么好抓的，不等他下手就被吓跑了。小松在河边小心翼翼地等着鱼儿再次露出水面，早把上学的事抛到了九霄云外。

玩了一会儿，小松觉得有点累，就回到岸边坐在草地上休息。这时，他才突然想起："哎呀，糟了，我该上学去了。"

小松快速穿上鞋子朝学校飞奔而去，可是等他到了学校，第一节课已经结束了。他心里打起了一个"鬼主意"：溜到座位上，然后装作什么都没有发生。谁知偏偏在门口，他被老师逮了个正着。

面对老师的责问，小松害怕极了，就撒谎说："我在来学校的路上，栽了个跟头，掉到河里去了。"老师从上到下打量着他，问道："那为什么裤子没有湿呢？"

小松继续撒谎："因为溪水很浅。"

可是，一切都逃不过老师敏锐的眼睛。老师又问："那为什么鞋子、袜子也没湿呢？"这下可把小松给问住了，他知道自己的谎言已经被识破了，再辩解也无济于事，只好低下头认错："对不起，老师，我在来学校的途中贪玩，在河边玩水忘记了时间……"

老师轻轻拍了拍小松的头说："小松，犯了错误就要勇敢地承认，能够承认错误的人将来才是真正勇敢、有担当的人。今天你撒了谎，如果老师不及时发现的话，那对你的健康成长会有坏的影响。所以，从今天起可不许再撒谎了。"

看来，小松这次真是栽了个大跟头啊！

知识链接

跟头：人、物等因失去平衡而摔倒或向下弯曲而翻转的动作。

栽跟头：表面意思是摔跤、跌跤，实际中常用来比喻遭遇挫折或失败。

小实践

老师的一席话对你有什么启发？如果你犯了错误，你会采取说谎的方式来逃避吗？

家有"老鼠"

不是自己的东西就不应该拿,更不应该为此而说谎。靠说谎得来的东西不会给自己带来快乐。

秋秋有一个妹妹叫香香,香香长得可爱极了,胖嘟嘟的脸蛋、水灵灵的眼睛,全家人都很喜欢她。

不过,香香可是有名的"小馋猫",每次看到包装精美的糖果,她都想拿过来尝一尝。可是她又怕大家取笑她,所以常常对着糖果咽口水。

快过年了,家家户户都在忙着置办年货,好不热闹。最让香香眼馋的就是妈妈刚买回来的一大包五彩缤纷的糖果。那些糖果中有巧克力豆、大白兔奶糖等,看着就让人流口水。妈妈知道香香吃糖太厉害了,怕她吃多了对身体不好。所以,妈妈就给香香和秋秋两人各分了10颗糖,而把其他的都藏了起来,留着给客人吃。

可是10颗糖哪里够这个"小馋猫"吃的呀!不出所料,香香很快就把那10颗糖吃完了。她的小嘴一直留恋着那甜甜的糖果味,于是香香的脑袋瓜里有了一个计划……

先来看看秋秋吧。这几天秋秋可苦恼了,她放在桌子上的糖每天都会少一两颗,而且糖纸都留在桌子上。秋秋觉着奇怪:糖又没有长脚,怎么会平白无故地就少了呢?她问香香,可香香瞪着水灵灵的大眼睛说:"一定是家里面有老鼠,是它把你的糖吃了。"秋秋点点头说:"哦,原来如此。"秋秋尽管心里仍有疑惑,不过还是相信了香香的话。

中国有一句古话叫"常在河边走,哪能不湿鞋"。

这天晚上,秋秋拉肚子了,半夜起来上厕所,刚回到床上躺下,就听到有什么声音。秋秋吓坏了,她屏住呼吸睁大眼睛,看到有人蹑手蹑脚地走进来。"咦,不对呀?"

她想,"小偷不会这么矮吧?"只见那个神秘的小人把手伸到桌子上,拿起两颗巧克力糖,小心翼翼地剥开糖纸,然后迅速塞到嘴里,津津有味地吃了起来。

秋秋"扑哧"一声笑了出来。她打开床头灯,看到香香这个"小馋猫"正手忙脚乱,不知如何是好。秋秋笑着说:"原来咱家的'老鼠'就是你呀!"

谎言被当场揭穿,香香羞愧地低下了头。

知识链接

"常在河边走,哪能不湿鞋"是民间的一句俗语,意为经常在河边走路哪有鞋子不沾泥带水的,引申义为经常做有一定风险的事,早晚会出现失误。也有另一种说法,叫作"常走山路必遇虎"。

小实践

如果你看到一件很喜欢的东西,你会通过不正当的手段去获得它吗?

带锁的本子

知识点 不经过别人的同意就随意翻动、偷看别人的东西是不对的，而犯错之后说谎更是错上加错。

兰兰一直有写日记的好习惯，每天她都把自己的喜怒哀乐记在这个小小的笔记本上。

这天黄昏，爸爸妈妈都出门了，家里只有兰兰和哥哥东东。兰兰写日记刚写到一半时，小伙伴们就在楼下叫她："兰兰，我们一起去玩捉迷藏吧！"于是，兰兰把笔夹在本子中间，就和好朋友们玩游戏去了。

东东正在画动画片里的变形金刚，不小心画错了，可是他怎么也找不到自己的橡皮擦，就想先借妹妹的用一用。东东在妹妹的书桌上到处翻找，突然翻到一个很精致的本子。他翻开第一页，见上面写着"兰兰的日记本，闲人勿看"。

在好奇心的驱使下，东东翻开兰兰的日记本，一页一页地阅读着。兰兰的日记写得真精彩，内容也很丰富，有在课堂上受到老师表扬时的骄傲，也有和好朋友吵架时的难过，还有和好朋友吵架后两人言归于好之后的开心呢！

东东津津有味地读完之后，意识到自己这样做是不对的，于是他把本子合上放回原来的地方，又把笔放在上边，赶忙离开了妹妹的房间。

过了一会儿，兰兰回到家，她和好朋友们玩得又累又开心，正准备将这些记在日记里呢!突然,细心的兰兰发现原本应该在本子里夹着的笔居然被端端正正地摆放在本子上面。兰兰想,一定是有人偷看了自己的日记!家里只有哥哥和她,除了哥哥,还会有谁呢?兰兰又急又气地来到哥哥的房间。

兰兰说:"哥哥!你是不是偷看了我的日记?"

东东本来就做贼心虚,看到妹妹这么生气,更不敢承认了,他忙说:"不是我,我怎么会偷看你的日记,你有证据吗?"

妹妹说:"那笔怎么会从里边跑到外边?"

东东还是抵赖道:"我怎么知道……"

兰兰气愤极了,她回到卧室里大哭了一场,然后在日记本里写道:"哥哥是个骗子,明明偷看了我的日记还不承认,我以后不会再相信他了……"后来,兰兰买了一把锁将本子锁了起来。

从此,每次看到这个带锁的本子,东东都羞愧极了……

知识链接

> 隐私权是指自然人享有的私人生活安宁以及私人信息秘密,依法受到保护,不被他人非法侵扰、知悉、收集、利用和公开的一种人格权。它是存在于权利人自身人格上的权利,即一种以权利人自身的人格利益为目标的权利。

小实践 你知道吗?偷看别人的隐私是违法的,因为每个人都有自己的隐私权。你会不会偷看别人的日记呢?

吹牛大王

> **知识点** 知之为知之，不知为不知。说大话的人不可信，只有诚实的人才会赢得他人的尊重。

星期一早上，刚读小学一年级的丁丁正安静地坐在教室里看语文书，一篇课文深深地吸引了他。课文里有一幅精美的插图，上面画的是一所美丽的学校、一间宽敞明亮的教室和几个正在读书的小朋友，另外，图上还附有几个简单的字。

别看这几个字形式结构简单，可它们还真把丁丁给难住了。丁丁想了许久也想不出这几个字念作什么。

为了得到答案，丁丁马上找到同桌军军。"军军可是一向自夸学识渊博哩，找他准没错。"丁丁边想边礼貌地问军军："军军，请问这几个字念作什么，是什么意思？"军军看了看，眼睛一亮，拍拍胸脯得意地说："这有什么难的！我在幼儿园大班就认识一千个甚至一万个字了！这几个字可难不倒我，它们念作'我——们——的——教——室'。"

"哦，这样啊！谢谢你教我认字，你真是太厉害了！"丁丁客气地向军军表示感谢，"看来以后有问题都可以请教你了。"听到这里，军军满不在乎地说："别客气，我都认识一万个字了，以后有问题都来问我吧。"

上课了，老师带着大家一起学习课文。老师脾气可好了，声音很温柔，也很动听，讲课也非常生动有趣。当老师讲到刚才丁丁问军军的那几个字时，老师和蔼地说道："孩子们，跟老师一起读：美——丽——的——学——校。"同学们都应声跟着朗读……

听到这里，一直专心读书的丁丁不禁抬起了埋在书本里的头，望了望军军，困惑地问他："这是怎么回事啊！你刚刚不是说这几个字念作'我们的教室'吗？为什么和老师教的不一样啊？"但是军军满不在乎地耸耸肩道："我认识一万个字呢，错两个算什么？有什么大惊小怪的。"

从此，同学们都叫军军"吹牛大王"。大家都不愿意同军军玩，都喜欢和诚实守信、文明礼貌的丁丁玩。因为这件事，自夸自大的军军感到很失落……

知识链接

一言既出，驷马难追；一言九鼎；一诺千金；言而有信；言必信，行必果；表里如一；诚心诚意；开诚布公；推心置腹；言行一致……

小实践 如果你是军军，你该怎么办呢？

第1章 诚实勇敢

铅笔失踪记

知识点 对待朋友一定要真诚，不能欺骗。只有以诚相待，你才会交到最真的朋友。

小华、小丁、小林是三个十分要好的朋友，他们一起上学，一起在食堂吃饭，一起回家，一起做作业讨论问题，可以说是形影不离。

这天，阳光明媚，在午休时间，他们一起坐在操场旁树荫下的石凳上做数学作业。这天的数学作业中有几道题非常难，他们做了很久，尝试了很多方法都没有算出结果。

很快，他们开始了讨论。

就在他们争得面红耳赤的时候，语文老师走过来说因为老师忙，人手不够，让小华去帮忙改一下作业。小华是班上的语文课代表，单科成绩非常好，做事也很细心、踏实，深得老师的喜欢。

"要是上课时我还没有回来，麻烦你们把我的作业和铅笔带到教室去，谢谢。"小华离开时说。小丁和小林连忙答应下来。

后来，到了上课时间，小华还没有回来，小丁和小林匆匆忙忙收拾好东西朝教室走去。等他们到教室的时候，小华已经焦急地在门口等着他们了。

很快，三个人都坐到自己的座位上，认真听老师讲课。不一会儿，小华便发现自己的铅笔不见了。那是小华很喜欢的一支铅笔。于是，他转过头问小丁、小林自己的铅笔怎么不见了。小丁、小林都摇头说不知道，小华生气地说道："不是让你俩把作业和铅笔都带回来吗？怎么会弄丢呢？"小丁说应该是小林收拾东西时弄掉了，小林说应该是小丁携带时弄掉了。就这样，两人互相推卸责任，很快就产生了矛盾。

之后好几天，小丁和小林彼此之间都不说话，谁也不搭理谁。看到曾经的好朋友现在形同陌路，小华心里很不是滋味。

一天放学，小华找到两人，说："即便那是我很喜欢的一支铅笔，但我更加珍惜我们之间珍贵的友谊啊！"听到这里，小丁羞愧地涨红了脸说："对不起小华，是我弄丢的，我知道那是你很喜欢的铅笔，所以我不敢跟你说，就栽赃给小林。小林，对不起。"

"没事，小丁，我也有不对的地方。"小林微笑着说。

"对啊，这才是好朋友嘛！"小华高兴地说。

三个人相拥而笑，终于和好如初。

知识链接

"有朋自远方来，不亦乐乎？"
这句话形象地说明了有好朋友是一件很让人高兴的事，也表现了中国人的热情好客。

小实践 你有没有类似的经历？如果有，你是怎么处理的？

钢笔掉了

 做错了事要勇于承认并改正，否则，那就是懦夫的行为。

下课铃声终于响起来了，这对小环来说简直是福音啊！

看着第一个冲出教室的小环，同桌小林捂着嘴在座位上偷笑。因为他知道小环早在十分钟前就想去上厕所，可无奈老师在讲很重要的知识点，所以铃声一响，小环就放下钢笔，像踩着风火轮一样冲出了教室。

看到小环跑出了教室，小林开始整理桌子上的教材和笔记，并准备下节课所需的课本。

突然一不小心，小林将小环的钢笔碰到地上，还是笔尖着地！小林捡起来一看，只见笔尖果然摔坏了。

这可怎么办啊？小林急了，他知道这是小环爸爸送给他的生日礼物，他一直很珍惜。就在这时，小环回来了。看到小环走近，着急的小林张嘴就撒起谎来。

"瞧，你刚刚跑得那么急，钢笔没有合上笔盖，又没放稳，跑的时候你自己把它碰到地上了，想叫你都来不及。"

看着自己心爱的钢笔摔坏了，小环眼里顿时闪烁起泪花。

小林不安地看着小环，支支吾吾地说着安慰的话。他想试着让小环不那么难过，但是小环的情绪却始终不见好转，反而越发阴沉了。

小林不安地坐在位置上，不知道如何是好。看着小环这样伤心，他心里很不是滋味：本来钢笔摔坏就让小环伤心了，可我还撒谎说钢笔是他自己摔坏的，让他内疚、自责，我这不是在他伤口上撒盐吗？

经过一番思想斗争，小林终于鼓起勇气对小环说："对不起，刚才我撒谎了！"

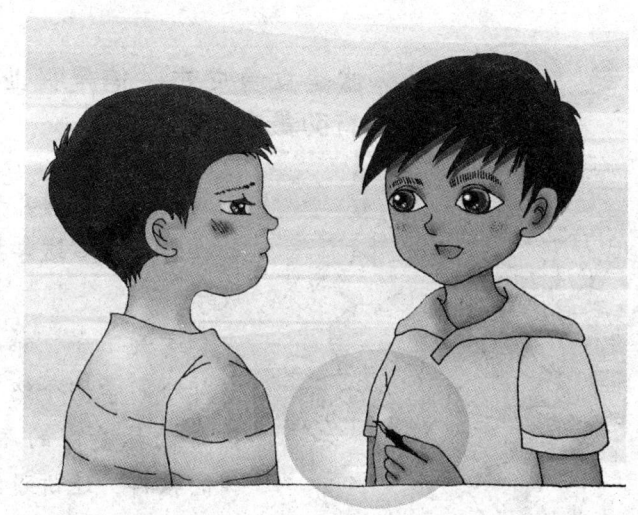

小林低着头向小环解释事情的真相。小环看着羞愧而满脸通红的小林，恍然大悟地说道："原来是这样啊！"小环用手擦干眼中的泪水，反而安慰小林说："没事，小林，你不要内疚。钢笔坏了我肯定会伤心，但笔坏了可以再买，诚信如果坏了，再多的钱也买不回来，那我可就会更伤心了。谢谢你有勇气说真话。"

小林抬起头来，看着小环笑了。

知识链接

历史上有名的诚信故事有宋濂守约还书、商鞅立木为信、晋文公退避三舍、韩信报恩、华盛顿砍树等。

小实践 和小伙伴讨论，在这种情况下怎样道歉才是最有诚意的？

诚信是金

知识点 诚是立身之本，信是兴业之本。诚信，是我们拥有的最宝贵的财富。

新学期刚刚开始，南南心中充满了雄心壮志，决心这学期要好好学习，考出好成绩。

这天下午，第一节课是自然科学课，老师给同学们介绍了神奇的大自然，讲了热带雨林美丽的参天大树，讲了凶猛狡猾的狼群，还讲了澳大利亚可爱乖巧的考拉……听到老师讲这些，南南感觉自己已经进入了一个奇妙的世界，他被这门课深深地吸引了。

可是，就在他陶醉其中的时候，下课铃不合时宜地响了起来。下一节课是体育课，可是南南多想再看一看自然科学教材上讲的这些小故事呀，神奇的大自然在他看来是那么有魅力！南南一点都不想上体育课，他还想再看一看这些内容呢！

于是，南南的心中萌生了一个想法：只要告诉老师自己病了，不就可以逃掉体育课，然后安静地待在教室里看自己想看的书了吗？而且，自己不上体育课也是为了学习嘛！

有了这种想法之后，南南就跑到好朋友小刚面前，对他说："小刚，我想在教室里看会儿书，一会儿你去上体育课的时候帮我请个假，就说我脑袋晕、肚子疼，行吗？"小刚一口答应了。南南便放心地回到了座位上继续看书。

体育课开始了，小刚照南南的说法帮他向老师请了假。老师看同学们玩得很开心，心中有点放心不下南南，怕南南身体不舒服，一个人出什么事，于是他快步走向南南班教室。

南南当然不知道体育老师正向自己班教室走来，当体育老师走到门口的时候，他听到教室里南南一个人在哈哈大笑。原来，他还沉浸在书中，看到了一个有趣的情节，情不自禁地大笑起来。

这时，他一抬头，就看到体育老师站在自己面前看着自己呢！他的脸一下子全红了，他没想到自己被老师抓了个正着。南南心中害怕极了。

就在他静静等待发落的时候，体育老师却没有生气，他坐到南南旁边的位子上问他看的是什么，看得这么入神，于是南南就把书拿给老师翻阅。

没想到，看了一会儿后，老师笑着说："这本书真的很有趣，你被它的魅力所吸引而不想来上体育课，我完全能够理解。可是南南，虽然你的目的是正当的，你是为了学习而撒谎，但撒谎始终是不对的。你想，如果人人之间都是谎言的话，大家还怎么成为朋友呢？所以，如果你真的不想上体育课而想看这本书，你可以直接坦诚地告诉我啊。但无论如何，都不应该撒谎，因为没有什么比真诚更重要，你明白了吗？诚信是金啊！"

"诚信是金"这四个字从此深深地印在南南的脑海里，成为他生活的准则。

知识链接

生命不可能从谎言中开出美丽的鲜花。

——海涅

小实践 体育老师的话给了你什么启示？出于好的目的而撒谎就是对的吗？

诚实最可靠

 诚信是极为重要的，一个人如果在任何时候都能保持诚信，往往会受到他人的尊重。

小雨是二年级一班班长，学习成绩优秀，做事认真，而且品行正直，深受老师和同学们的喜欢。同学们在学习生活中遇到问题，总爱向她请教，而她也乐意帮助大家。

有一天，小红找到了小雨说："小雨，我把我妈妈的自行车弄坏了，但是我害怕妈妈责备我，所以我不敢和妈妈说。尽管我躲过了责备，但我每天都觉得不开心。你说我该怎么办？"

听完了小红的话，小雨想了一会儿，认真地对她说："小红，诚信最重要，只要你时刻将它记在心里，提醒自己不论在什么时候都做到诚信，你就会变得十分坦然了。"

小红似懂非懂地点了点头。小雨继续说道："有一次，我回到家不小心把客厅茶几上妈妈最喜欢的一个青花瓷花瓶给打破了。因为害怕妈妈责备，我就撒谎说是猫咪跳上茶几把花瓶碰到地上打碎的。虽然妈妈没有责备我，但是我却比受了责备还难受，因为心里总是忐忑不安的。"

"过了几天，我鼓起勇气向妈妈交代了事情的原委。看到我诚实认错,妈妈语重心长地对我说:'不论做什么事都应记住诚信,这样别人才会更信任你。'"小雨接着说道。

望着真诚的小雨,小红感激地说:"谢谢你,小雨,今天听了你的开导,我收获很大。我一定会和妈妈说明事情的真相,以后我不论遇到什么事情,都会努力做到诚实守信。"

那天回到家,小红把事情的真相和妈妈说明后,感到心情无比舒畅。后来在生活中,小红将诚信作为一条行为准则,时时刻刻提醒自己。

知识链接

诚实是人生的命脉,是一切价值的根基。
　　　　　　　　　　　——德莱塞
诚者,天之道也;思诚者,人之道也。
　　　　　　　　　　　——孟子

小实践

我们可以从哪些小事上规范自己的行为准则,真正做到诚信呢?

谎话阿三

 谎话说多了的人是不会受到他人的喜欢的。

诚实守信是流传了千年的美德，作为社会道德的最基本要求，也是每个人都应该遵守的最基本的道德规范。正因为有了诚信这一道德规范，我们生活的世界才会充满信任、和谐。

但是，有一些人不遵守这一最基本的道德规范，常常言而无信，知错不改。

阿三是小学六年级的学生，因为平时谎话连篇，所以，都快要毕业了，阿三一个朋友也没有。尽管平时小朋友们都不爱跟自己玩，阿三多少有些失落，可他就是改不了爱撒谎的坏习惯。直到一次体育课的经历，才让阿三彻底改掉了这个坏习惯。

那次体育课上，老师让大家练习200米跑。每个同学都精神饱满地全身心投入到训练中。见大家都练习得差不多了，老师说要搞一个小测

验，来检验今天各位同学200米跑的练习情况。听到老师这么说，同学们都很兴奋，想在赛道上展现自己拼搏的英姿。

于是，在做了会儿赛前热身运动后，测验开始了。

同学们都跑得很好，而且动作都很到位。看着大家的好成绩，阿三也想跑得好一点。终

于，轮到了阿三跑。听到了哨声的阿三如离弦的箭一样冲了出去。

本来起跑阶段还跑得很好的阿三，不料跑到一半时，脚突然开始抽筋。阿三一下子就疼得倒在了地上。见此情形，老师立刻跑了过去查看情况。

老师仔细地检查了一下阿三的脚，确定阿三无大碍后，就将他送到了医务室。把阿三安顿好之后，老师很疑惑：为什么刚才没有一个同学过来帮阿三。于是，老师就去找同学们了解情况。

这时，老师才惊讶地得知原来阿三平时谎话连篇，以至于同学们今天都不知道是否该相信阿三。

于是，老师决定找到阿三，帮他改掉爱说谎话的坏习惯。

老师找到阿三，将同学们反映的情况一五一十地告诉了他。阿三

听到这些之后,很伤心,也很惭愧。他说:"我也很失落,同学们都不关心我,可是我就是改不掉爱说谎话这个毛病。"

老师语重心长地对他说:"所以啊,今天就没有同学来帮你,因为大家都不相信你。你要明白,只有诚信才能带来信任,而你也才能感受到友谊的温暖。"

听着老师的话,阿三决定以后再也不撒谎了,自己要努力赢得同学们的信任。

后来,阿三真的再也不说谎了,同学们也愿意找他玩了。

知识链接

遵守诺言就像保卫你的荣誉一样。
——巴尔扎克

 试着将这个故事续写下去,并将你写的故事与同学们分享。

第2章

知错就改

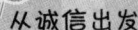

丁丁的荣誉

 因撒谎而得到的荣誉远不如知错就改值得骄傲。

丁丁读小学三年级了,学习成绩非常好,经常受到老师的表扬,可唯一让他头疼的就是语文作文。语文老师要求他们每周都要交一篇作文,并且还会选出优秀作文进行表扬。

像往常一样,丁丁面对空白的作文纸犯起了难。这次作文题目是"童年趣事",丁丁心里想:我的童年有什么趣事呢?他一边想着,一边翻开了上周妈妈给他买的《小学生优秀作文精选集》。

突然,丁丁在目录上发现了好几篇类似的文章,他便迫不及待地翻开看了起来。过了一会儿,丁丁心想,要是自己也能写出这样的作文,那就好了。一个上午过去了,丁丁仍然没写出一个字。

他想:"干脆直接抄一篇算了,就这一次,下个星期一定自己写。"他还侥幸地以为老师一定不会发现他的作文是抄的。抄完后,他松了口气,就和小伙伴们玩去了。

可是,交了作文以后,丁丁的心中一直忐忑不安。"老师会不会发现我的作文是抄的呢?她会不会惩罚我呢……"他胡思乱想着。这天的语文课上,老师刚走上讲台,丁丁的心就开始跳个不停。

这时,老师说道:"上周的作文大家都写得很好,我要特别表扬一下丁丁，他的文章不仅写得很有趣，而且还很流畅。现在，请他为我们朗读一下，好不好？"丁丁心里乱极了，当他念完作文的时候，大家都热烈地鼓掌，下课以后大家还都夸他呢。可丁丁心里一点也高兴不起来。

从那以后，丁丁心里一直很矛盾，他觉得自己不应该这样做，得到的赞赏也像针刺在心上一样，使他难受。

最后，经过一番激烈的思想斗争，丁丁终于鼓足勇气找到语文老师说明了一切。语文老师听后很高兴地说："丁丁，你的诚实非常可贵，希望你能够一直保持。"

知识链接

坚守诚信的名人故事有季布一诺千金、华盛顿砍树等，而不守诚信、遭人耻笑的名人故事有周幽王烽火戏诸侯等。

小实践

因抄袭他人的成果而获得的赞美能让你高兴吗？

老师病了

犯错误并不可怕，可怕的是犯错误后不承认错误。

中午，小鹏做完了作业便百无聊赖地坐着，他正想找点什么乐子呢。突然，小鹏眼前一亮。他看到正午的阳光射到讲台上那盆供老师洗手的水里，反射出明晃晃的七彩波纹，好看极了。就在这时，小鹏的小脑瓜里蹦出了一个想法：对老师做个恶作剧吧！

再过几分钟就要上课了，同学们有的趴在桌子上休息，还有的陆陆续续回到自己的座位上。

小鹏趁乱悄悄将门半关着，把那盆满满的水放到了门上，盆子的边缘轻轻靠着墙壁，不会掉下来。做完这一切后，小鹏便心满意足地回到自己的座位上去了，静静地等待着一出"好戏"的上演。

上课铃终于响了，教这节数学课的老师正是班主任林老师。她像往常一样准时地出现在了教室门口，毫无防备地一推门，"哗"，一盆水从天而降，把林老师浇成了"落汤鸡"。

全班顿时炸开了锅，有些人诧异得没缓过来，有些调皮的男生忍不住笑着，还有些同学责备着是谁这么讨厌做这种事……终于，在喧哗之后，几个同学陪着林老师回到办公室整理湿透了的衣服。

这个时候，大家纷纷猜测恶作剧是谁做的。小鹏此刻静静地坐在座位上，看到自己的恶作剧得逞，心中在害怕之余，更多的却是得意。

第二天早上上课时，林老师来了，她并没有追究昨天那件事是谁做的，只是像往常一样给同学们讲课。可是，讲着讲着，她就会打一两个喷嚏，隔几分钟就会擦一下鼻涕。直到这时大家才注意到，原来昨天的那盆水让林老师感冒了！林老师生病仍然给大家讲课，同学们都被深深地感动了，大家都开始暗自责备昨天干坏事的人。

此时小鹏的心中更是五味杂陈，他并没有想到自己的恶作剧会让可亲的林老师生病呀！看到林老师因为感冒而苍白的脸，又看到她坚持认真讲课的表情，小鹏的心中充满了深深的自责。他站起来，满怀歉意地对林老师鞠了一躬，坦白道："对不起，林老师，是我害得您现在生病了，您惩罚我吧！"

林老师愣了一下，却笑了，说道："有你这勇敢承认错误的态度和一颗诚实的心，老师的病不算什么！"

这时，全班响起了热烈的掌声。

知识链接

诚信，如一把钥匙，打开你我心中那扇门上的锁，让我们敞开心扉，沐浴友谊的阳光。

诚信，是人类文明的阶梯；诚信，是填补人类间隔的碎石。

小 实 践　如果你干了一件大家都责备的坏事，你敢向大家承认吗？

饿坏了的乖乖

知识点 许下的诺言不管是大是小,都应该尽力去履行,这样才会问心无愧。

快要过年了,到处都洋溢着热闹的气氛。冲冲高兴极了,因为他可以尽情地吃、尽兴地玩。

冲冲唯一的不快乐就是自己亲爱的姨妈一家要到外地过年,会有一个星期不在家里。临行前,姨妈摸着冲冲的头说:"冲冲,姨妈想让你帮个忙,好不好?"冲冲使劲点了点头。

"我们一家都走了,可是我们的宠物狗乖乖走不了,所以在我们离开的这段时间,你要记住每天来喂它一点吃的,能做到吗?"看到姨妈信任的目光,冲冲拍了拍胸脯说道:"能做到,姨妈,我保证每天按时来喂乖乖。"

于是,姨妈一家放心地离开了。

可一转眼,冲冲就把这件事忘了个精光。每天当妈妈将要乖乖狗吃的东西提给他时,他随手一放,心想:过一会儿再去吧,等打完这局游戏再说。可是痴迷游戏的他哪里停得下来呀!

就这样,三天过去了,他还没喂狗吃过一顿饭。这天,妈妈将食物递给他时问道:"冲冲,前几天你喂乖乖了吗?"一听这话,冲冲顿时脸涨得通红,想起那几袋现在还在家里的食物,他不知道怎么办才好。

妈妈看出了冲冲的窘迫,便和蔼地对他说:"答应别人的事不能说忘就忘,要履行自己的诺言,这样才是一个好孩子。"

听了妈妈的话,冲冲难过极了,他知道自己犯错。于是,他匆匆提着食物向姨妈家赶去……后来的几天,他坚持每天来给乖乖喂食。

知识链接

> 走正直诚实的生活道路,定会有一个问心无愧的归宿。
> ——高尔基
>
> 失足,你可能马上恢复站立;失信,你也许永难挽回。
> ——富兰克林

小实践 生活中我们常常许诺,你每次都履行了自己的诺言吗?

谁打碎了花瓶

知识点 犯了错误就要勇敢地承认,做一个有责任心的人。

教室的讲桌上端端正正地摆放着一个花瓶,里面插着几支鲜艳的水竹,非常漂亮。

几个调皮的同学在教室里嘻嘻哈哈地拍着篮球。他们抢来抢去,正玩得高兴的时候,只听见"啪"的一声,那个如水晶般漂亮的花瓶掉在地上,摔成了碎片。

教室里安静极了,同学们看着摔碎的花瓶都不知所措。不一会儿,老师来了。老师把那些碎片清扫干净,然后问道:"是谁打碎了花瓶?"大家都羞愧而且害怕地低下头,没人敢回答。

看到这种情况,老师语重心长地说道:"我给大家讲一个有趣的历史故事好不好?《史记》里有这样一段佳话。文官蔺相如的职位比武将廉颇高,这让廉颇很不服气。廉颇对旁边的人说下次见到蔺相如时一定要让他难堪。蔺相如听说后就一直躲着廉颇。别人问蔺相如为什么怕廉颇,蔺相如说:'秦王我都不怕,我会怕廉将军吗?但是如果我们闹不和,那就会削弱赵国的力量。我之所以避着廉将军,为的是我们赵国啊!'蔺相如的话传到了廉颇的耳朵里,廉颇非常惭愧。于是,他脱下战袍,背上荆条,到蔺相如门上请罪。蔺相如忙出来迎接。从此,他们成了好朋友,同心协力保卫赵国。这就是负荆请罪的故事。从这个故事中,我们明白,犯错并不可怕,犯错之后能勇于承认并且改正也能为后人所称道、所赞颂。对不对?"

这时,小朋友们中终于响起了一个声音:"对不起,老师,是我不小心打碎了花瓶。"说话的是平时最调皮的小海。这时,老师说道:"很好,老师不仅不批评你,反而要表扬你。你敢于主动承认错误,是个有担当的人。你做得很对!"

小海也笑了,抬起头说道:"我明白了,老师,以后我要努力做一个有责任感的人,因为这样才能得到大家的信赖!"

知识链接

《史记》是由司马迁撰写的中国第一部纪传体通史,记载了上自传说中的黄帝时代,下至汉武帝太初四年间,共3000多年的历史,涵盖了哲学、政治、经济、军事等方面的内容,与司马光的《资治通鉴》并称"史学双璧"。

小实践 你以前遇到这样的情况吗?你是怎么做的?

不是我的错

 自己的事情自己做,自己犯下的错误也要自己承担责任。

三年级二班有一对顽皮的同桌,他们就是高高瘦瘦的小林和矮矮胖胖的小松。他们两个整天以做恶作剧为乐,同学们很反感他们。

这天数学课上,老师在上面讲课,而小林和小松在下面玩乐。他们两人前面坐着的是一向认真学习的小芳,小芳的头发又黑又长,扎在脑袋后面,好看极了。

这时,小松心里产生了一个鬼主意,他悄悄地对旁边的小林说:"喂,小林,你看前面小芳的头发多长,要是剪掉一截就好了。"小林说:"那你剪,我才不干这种事呢!"这时,小松继续怂恿他道:"我看你是不敢剪,怕被责备吧!胆小鬼!"小林一听这话就来了精神,说道:"这有什么好怕的,不就是剪个头发吗!"

说干就干,小林从书包里拿出小剪刀,伸向小芳的秀发。只听见"咔嚓"一声,小芳的一大截头发就掉了下来。看到这种景象,小林和小松都忍不住捂住嘴偷笑起来。

下课后,小芳察觉出头发被剪断了,趴在桌子上哭了起来。小林和小松虽然有点内疚,但也只好低下头装作不知道。老师知道了这件事后,把俩人叫到了办公室。

面对老师严厉的目光,小松低着头说:"不是我,我什么也没做。"

后来，小林只好承认道："是我剪了小芳的头发，不过这是小松让我做的，我本来也不想这样，不怪我。"

第二天，小芳剪掉了原来的长发。小林和小松的心里都难过极了。他们暗暗地责备着自己做了错事。

后来，小松终于鼓起勇气对小林说："小林，对不起，要不是我出了那个歪点子，这件事就不会发生，让我去对老师说明真相吧。"听到小松的道歉，小林心中也很不是滋味，他忙说："没关系，也不全是你的错，是我做了这件坏事呀。"

于是，他们一起向老师说明了情况，并向小芳真诚地道歉。没想到，小芳不但不生气，反而对他们说："没关系，头发剪了还可以再长，而你们知错就改的勇气却是很难得的。我应该向你们学习！"

以后，小林和小松再也不搞恶作剧了，渐渐地，他们得到了大家的友谊。

知识链接

> 伟大人格的素质，重要的是一个诚字。
> ——鲁迅

小实践 犯错之后应该用什么态度去面对？如果你是小林或小松，你会怎样回答老师的询问？

诚心改过的皮皮

 赢得大家的信任不是一时就能做到的，而是要靠点点滴滴、日积月累的行动来证明。

在小镇的南面住着一个小朋友，他是小镇小学四年级学生。平日里他可调皮了，不是躲在大树后面待人经过时吓别人，就是将他人的东西给藏起来，等别人找了许久之后再悄悄放回去……因为他这么调皮，所以大伙给他取了一个绰号——皮皮。

有一天，皮皮去找好朋友小筑玩。可他却趁小筑的妈妈出门晒太阳，溜进他的家里去捣乱。皮皮看见座位上有一瓶香浓牛奶，乐了，他想：这肯定是小筑妈妈给小筑准备的，如果我偷偷喝完，小筑和他妈妈肯定要气坏。于是，他就咕咚咕咚地把牛奶给喝完了。

喝完牛奶之后，皮皮赶紧离开了，不料走到门口时被小筑妈妈看见了。小筑妈妈看见皮皮，有一种不好的预感，她赶紧回屋查看，果然发现桌上的牛奶没了。她马上反应过来牛奶一定是皮皮喝掉的。于是她赶紧跑到皮皮家去找皮皮理论。

小筑的妈妈来到了皮皮家里，恰好皮皮的妈妈也在家，小筑妈妈就把情况如实地讲给了皮皮妈妈听。可是这时皮皮出现了，他矢口否认，这把小筑的妈妈气得直跺脚。

小筑的妈妈走后，皮皮妈妈特地问他到底有没有把小筑的牛奶给偷喝掉，这时皮皮仍然在撒谎说自己没有偷喝小筑的牛奶。

气愤的小筑妈妈回到家以后，将今天的事告诉了小筑。孝顺的小筑知道妈妈今天受了这样的委屈，决定以后再也不跟皮皮做朋友了。

后来上学时，小筑再也不理皮皮了。皮皮看到自己的好朋友不理自己了，很伤心。他也觉得自己确实做得不对，不仅偷喝了牛奶，而且还对大老远跑到家里来的小筑妈妈撒谎，让她生气。

回到家之后，皮皮对妈妈坦白自己的所作所为。妈妈听后非常生气，要他马上去向小筑和他的妈妈道歉。

于是，皮皮就来到了小筑家，向小筑和他的妈妈道歉。看着诚心改过的皮皮，小筑妈妈说："皮皮，你知道吗？今天我生气的不是你偷喝牛奶，而是你不诚实。因为不诚实是很可怕的，只有诚实守信，才能相互信任，大家才会像一个大家庭一样互相帮助，幸福地生活。虽然你犯了错，不过你诚心改正自己的错误，我想你也懂得了诚信的意义，所以我也就原谅你了。"

小筑坐到皮皮身旁，对皮皮说："既然你知错能改，那就说明你依然是诚实守信的，我还是愿意继续和你做朋友的。"

听到小筑这么说，皮皮很高兴，他俩一起开心地笑了起来。

知识链接

分分秒秒学做真人，人人竞展诚信风采；
时时处处力行真事，事事皆铸人格基石。

小 实 践　你犯过哪些错？要怎样才能弥补这些过错？

是谁在说谎

犯了错就要勇敢地说出来，否则不仅会伤害他人，还会伤害自己。

四年级一班的同学们今天都很高兴，因为他们赢得了学校足球赛四年级组第一名。每个人都很骄傲，他们不仅得到了一张奖状，还得到了一个漂亮的玻璃奖杯。奖杯被放在讲台上，作为班集体的荣誉。

小虎和小跃心里更是美滋滋的，因为这里面有他们的一份功劳。

下午，小虎打扫教室卫生时，情不自禁地走上讲台，欣赏起他们足球队用汗水获取的荣誉——奖杯。

奖杯下面是一个圆锥形，上面是一个足球。正当小虎仔细地观察、把玩奖杯时，外面突然发出一声巨响，受到惊吓的小虎一失手，就把奖杯丢到了桌子上。幸好奖杯没有坏，小虎悬着的心放下了。

可是，他仔细一观察，发现那个连接底座和足球的细细的地方出现了裂痕。"还好玻璃球没有掉下来，"小虎想着，"应该不会被发现吧。"于是，他轻轻地将奖杯放回原处，便匆匆离开了教室。

第二天，小跃第一个走进教室，想仔细观察一下奖杯。可就在他刚碰到顶端的球时，那颗玻璃球突然滚下了底座，向讲台的另一端滚去。这时，小跃傻眼了，他明明刚碰到那颗球，它怎么会掉下来了呢？小跃心里慌乱极了。于是，他把坏了的奖杯放在讲台上，离开了教室。

等小跃再回到教室时，大家正在讨论奖杯的事情："究竟是谁弄坏的呢？"

这时，小虎和小跃的心里都在犯嘀咕。小虎想："我离开的时候奖杯明明还是好的呀，难道它自己坏了？"小跃想："我只是轻轻碰了碰，它怎么就坏了呢？"

老师进来了，吃惊地问道："是谁把奖杯弄坏的？"

看到大家伤心的表情，小跃心里也很难过。他只好说道："对不起，是我弄坏了奖杯。我早上来教室想看看它，刚一碰到它就坏了。"

听了这话，老师觉得蹊跷，于是又问道："怎么可能一碰就坏了呢？"小跃委屈地低着头不说话。

这时，小虎再也忍不住了，他站起来，大声地说出了是他昨晚不小心摔裂了奖杯。

事情终于真相大白，没有人撒谎，小虎和小跃心里都踏实多了。

后来，摔坏的奖杯用胶水粘好后继续放在讲台上，以见证这两个孩子勇敢承认错误的好品质。

知识链接

英国戏剧家莎士比亚说："对自己忠实，才不会对别人欺诈。"

小实践 如果你是小虎，你会让小跃受到冤枉吗？

划破的衣服

 也许我们会犯下一些错误，会让他人很伤心，但是我们只要能勇敢地承认错误，就会让那些伤口慢慢愈合。

一年一度的校运动会拉开了帷幕，校园里洋溢着一片喜气洋洋的气氛。运动员们忙着做赛前准备，以便在赛场上全力拼搏；其他同学则为运动员做好服务工作，让运动员们休息好、调养好。

小凯负责看管大家的衣服和书包等物品。大家都对认真的小凯很放心。

这时，广播里传来一个声音，说马上就要进行男子100米的决赛了。"这不是小旭参加的比赛吗？"小凯自言自语道。

小旭一直都是小凯最好的朋友。

比赛开始了，小凯激动地跑去给小旭加油助威。

后来，小旭跑了第一名，小凯非常高兴。小凯回到座位上时，突然意识到自己刚才有所失职，于是他马上检查了一下物品的情况，发现小红的衣服被划破了。他想可能是自己跑的时候，小红的衣服落在地上给划了一下。"这可怎么办啊？这是小红最心爱的一件衣服啊！"小凯心里不由得犯起了嘀咕，"小红肯定会怪我的。"

想了一下，小凯决定隐瞒真相。

所有比赛结束后，大家都回来了。小红很快就发现了自己的衣服有破损，于是找到小凯问个究竟。

早早做好准备的小凯面对来说理的小红一点也不紧张。他装作淡定的样子对小红说："我不知道，这么多东西放在这里，我也管不过来，可不能怪我哟。"

　　小红想着小凯平时表现不错，所以也不好再说什么了，不过这件衣服毕竟是她最喜欢的。这是她11岁时，奶奶送给她的生日礼物，而且这件衣服的颜色是她很喜欢的紫色。所以一直以来，小红都倍加珍惜这件衣服。看着被弄坏的衣服，小红真的很伤心，不知不觉眼泪一滴一滴地掉落下来。

　　看到小红伤心的样子，小凯心里很不是滋味，他决定去向小红认错，并去买一件一模一样的衣服赔

给小红。当他把事情的原委告诉爸爸妈妈时，爸爸妈妈对小凯的行为非常赞同，并陪同小凯去买衣服。第二天，小凯拿着新买的衣服找到小红并说明了情况。看着诚实的小凯，小红感慨地说："我不怪你，相比一件衣服，我更珍惜一个真诚的朋友。"

　　听到小红这样说，小凯既惭愧又感动。是啊，世界上还有什么比诚信更重要呢！

知识链接

　　欺人只能一时，而诚信却是长久之策。
　　　　　　　　　　　　　　　　——约翰·雷
　　诚实的人从来讨厌虚伪的人，而虚伪的人却常常以诚实的面目出现。
　　　　　　　　　　　　　　　　——斯宾诺莎

小实践　如果小凯没有承认，小红还会将他当作好朋友吗？

谁拿了我的蛋糕

知识点 我们也许会因为自己的贪婪犯一些错误，而让别人伤心。但只要承认自己的错误，那些心灵的创伤就会被抚平。

"祝你生日快乐，祝你生日快乐……"伴随着美妙的歌声和鲜艳的彩带、礼花，艳艳在一片欢声笑语中迎来了12岁生日。

欢乐溢满了整个房间。艳艳接受大家送来的祝福，坐到桌前双手合十，两眼紧闭，认真地许下了一个心愿，然后吹灭蜡烛，切下蛋糕与大家一起享用。

大家都高兴地吃着蛋糕，愉快地聊着天。

突然，丽丽发现自己那份还未来得及吃的蛋糕竟然凭空消失了。看到旁边正吃得满嘴奶油的小胖，丽丽明白是怎么回事了。但小胖是丽丽的好朋友，丽丽什么也没说。

大家都开心地吃着蛋糕，唯独丽丽一个人没有吃。小胖看到这一切，觉得很对不起丽丽，红着脸羞愧地说道："对不起，丽丽，我不是故意的，你知道我就是有贪吃的毛病。你明明知道是我偷吃了你的那一份蛋糕,却没有揭发我,这让我很感动。我向你保证,我以后再也不这样了。"

听了小胖的话,丽丽露出了开心的笑容。她对小胖说:"失去一块蛋糕,能看到一个品德优秀的好朋友,我非常开心。"

看着丽丽和小胖亲密地聊着,艳艳走过来说道:"我刚才许的愿就是希望我们所有人的友谊都天长地久。"

丽丽与小胖会心一笑,点了点头。

知识链接

诚实的人必须对自己守信,他最后的靠山就是真诚。
——爱默生

世界上最聪明的人是最老实的人,因为只有老实的人才能经得起事实和历史的考验。
——周恩来

小实践 如果小胖不承认,那么丽丽还会将他当作好朋友吗?

第2章 知错就改

敢做敢当

 敢做敢当，犯了错误敢于承担责任的人心中才会感到光明和磊落。

"每个人回去写一份检讨交给我！"一群学生在林老师办公室里接受惩罚。离开办公室以后，他们虽然每个人都很沮丧，却一致为无辜的小辉抱不平，叽叽喳喳地说道："小辉没有错，只是帮忙传一下纸条而已，林老师为什么要惩罚他！"

原来上次考试中，小玉将写有答案的小纸条传给其他同学时，让小辉帮忙传了一下，可是在传纸条的过程中不巧被老师发现了。于是，老师把他们叫到办公室责备了一番，还罚他们写检讨。

突然，小玉说："我记得林老师有一支很精美的钢笔，我看，咱们不如……"同学们听后，都一致同意。于是，这个行动就秘密地进行了。

第二天，林老师回到办公室时，突然发现自己的钢笔掉到地上摔坏了。林老师心里很难过，因为这是好朋友送给她的礼物。

林老师对钢笔一直都很爱惜，每次临走之前总会将它放好，看来这是有人故意弄的。林老师一下就想到了昨天被她惩罚的学生，于是先把小玉叫到了办公室。

"小玉，老师的钢笔坏了，你知道是怎么回事吗？"林老师问道。

小玉回答："不知道，我一直没看到过您的钢笔。"林老师无奈，只好放他走了。

这件事让小辉知道了，虽然小辉对受罚心有不甘，但他帮助作弊确实应该受到惩罚。可是，小玉他们是为了自己才弄坏了老师的钢笔，林老师那么生气，一定会惩罚他们。与其让小玉他们受罚，不如自己去认错。

于是小辉找到林老师，说是因为自己受到惩罚使大家很不开心，所以才弄坏了钢笔。面对此，林老师的气消了不少，只罚他打扫两个星期的教室。

小玉知道小辉为自己顶罪的事情后，心里很过意不去。看到小辉被惩罚打扫教室，小玉心里难受极了。思考再三之后，他终于决定去向林老师承认错误。他想：男子汉要敢做敢当，如果自己做了错事还要别人替自己顶罪，这算什么男子汉呢？于是，他勇敢地向林老师交代了事情的真相。

虽然小玉受到了惩罚，可他心甘情愿，因为他觉得敢做敢当、勇敢承担的精神让他成了真正光明磊落的男子汉！

知识链接

　　信用是难得易失的，费十年工夫积累的信用，往往由于一时的言行而失掉。
　　　　　　　　　　　　　　　　——池田大作
　　诚实者既不怕光明，也不怕黑暗。
　　　　　　　　　　　　　　　　——高尔基

小实践 小辉替人顶罪的行为是正确的吗？如果你是小辉，你会怎么做？

100分和95分

知识点 撒谎的人心中总会被谎言所困扰,而不能够坦坦荡荡。

小飞是一个坚强刚毅的男孩,虽然体育很好,可是数学却学得不好。每当数学考试时,他都仿佛看到那些数字和符号在试卷上打仗。

上学期的数学期末考试小飞只考了55分,不仅被爸爸训了一顿,还被警告"如果这学期不能考上80分,就再也不许出门踢足球了"。于是,小飞暗下决心,这学期一定要认认真真地学数学了。

终于到了期末,小飞已经做好了充分的准备。考试时,他提前半个小时就做完了试卷。于是,他满怀信心地将试卷交了上去。

这一学期的努力没有白费。小飞最终得了100分,他迫不及待地想要把满分卷拿回家给爸爸看。可是,当老师讲评时,小飞发现有一个填空题不对,老师给的答案是12,而自己写的是13。他急忙又演算了一遍,发现正确答案是12。看来,是自己粗心,阅卷的老师也粗心,让他得了一个虚假的100分。

"可是,"小飞想,"只要我不说出去,那就谁也不知道了。这样,我还是可以得到爸爸的表扬。"于是,小飞便悄悄地将试卷收了起来。放学回家后,他将试卷摆在爸爸面前,自豪极了。爸爸也很高兴,奖励了他一辆玩具赛车。

可是，每当看到这辆玩具赛车的时候，小飞便觉得心里很不是滋味，毕竟这其中有虚假成分啊！

后来，他终于决定向爸爸和老师坦白，即使没有奖励也没关系，但他要让自己的心坦坦荡荡，不被谎言所困扰。

下定决心后，小飞便将玩具赛车还给爸爸，说道："爸爸，这个车我不能要。"爸爸惊讶地问："为什么？这是你应得的啊！"小飞回答："不，这不是。其实，我只考了95分，是因为老师看错了我才得到满分的。"

听了小飞的解释，爸爸笑着把玩具车放回他的手中，说道："孩子，100分和95分之间是关于诚信的差距，而你做到了诚信这一点。这是你应得的奖赏。"听到爸爸的赞扬，小飞开心地笑了。

知识链接

唯诚可以破天下之伪，唯实可以破天下之虚。

小 实 践 如果诚信会让你失去一些东西，你还会这样做吗？

虚荣的小千

知识点 盲目的虚荣只会让人犯错，而为了虚荣心撒谎则更是错上加错。

每天，小千都会蹬着他那辆破旧不堪的自行车上学，他的心里烦恼极了。

路上，每次看到别人骑的名牌自行车时，再回头看看自己的，小千都感到心里很不舒服、很委屈，毕竟自己的这辆自行车已经骑了两三年了，后座都脱漆了。这时，小千的虚荣心开始作祟了，他多么渴望能在下学期骑上一辆崭新的自行车！

可是，小千家里并不富裕，那辆自行车已经被爸爸修过好几次了，现在除了外观不好以外，骑着上学还是没问题的。如果说出来，爸爸一定不会同意给自己换一辆。所以，小千想到了奶奶。

这天，小千刚踏进奶奶的家门，奶奶高兴极了，忙抓出一把好吃的糖果给他。

小千对奶奶诉苦道："奶奶，我的自行车已经坏得不能骑啦，经常骑着骑着就掉链子，车把也不好使，转弯的时候很不灵活，害得我好几次差点撞到别人。最让我害怕的是刹车也不灵了，有一次我没刹住车，直接从车上摔了下来。"

听到小千的诉苦，奶奶心痛极了。于是，她拍了拍小千的头说："孩子，没事，奶奶去给你买辆新车！"听了这话，小千高兴得都要蹦起来了，他忙拉着奶奶朝自行车铺走去。

挑来挑去,小千选中了一款红色的自行车。可是,这辆车要1000多块钱。看见孙子这么喜欢这辆车,奶奶便一咬牙给他买了。付钱时,看着奶奶从布包里一层层地取出她的积蓄,小千心里有点内疚,不过,很快就被拥有新车的开心给替代了。

骑着新车,小千连忙去学校转了一圈,看到同学们羡慕的眼神,小千自豪极了。

小千回到家时,爸爸忙问他是怎么回事,小千只好把原由说了出来。爸爸说道:"你那辆旧车不是还可以骑吗?况且就算是坏了,修一修也可以再骑嘛。奶奶那么艰苦,一个月就那么一点儿钱,那1000多块钱都是她在日常生活中一点一滴省下来的呀!"

听了爸爸的话,小千回到房间后思考了很久,意识到自己因为爱慕虚荣而欺骗奶奶是很不对的。奶奶辛辛苦苦攒下来的钱却被自己骗来换一辆好看的车,到同学们中间炫耀,这多不好啊!

想到这儿,小千连忙推着车回到车铺退了钱,并把钱交给奶奶,对奶奶说出了真相。看到小千这么懂事,爸爸高兴地说:"我为你骄傲。"

知识链接

言必先信,行必中正。
——《礼记·儒行》
诚其意者,毋自欺也。
——《大学》

小 实 践 小千为了满足自己的虚荣心而去欺骗疼爱自己的奶奶,这样对吗?

从诚信出发

头上起包了

 犯了错误后能承认并改正错误就是很好的，只要有诚心，错误就会被原谅。

爸爸妈妈出门时交给阿飞一个任务，要他照顾好两岁的小妹妹小雪。临走时爸爸妈妈对阿飞千叮咛万嘱咐："千万要把妹妹看好啊，我们过几个小时就回来了，如果到时候小雪有什么状况，可要唯你是问的！"

这个时候，阿飞趴在桌子边看着妹妹小雪在沙发上玩耍。她可爱极了，乖巧地坐着，瞪着大眼睛，摆弄着手上的两个洋娃娃，过一会儿抬起头来看看自己的哥哥，然后又低下头继续沉浸在她自己的世界里。

阿飞可喜欢自己的小妹妹啦，他看小雪玩得挺开心，就想要陪她好好玩玩，便把小妹妹抱起来。他先抱着小雪在家里走来走去，小雪好奇地看着眼前的一切，比刚才高兴多了。阿飞也很开心，他想起自己小时候常常被爸爸抱起来轻轻丢到空中又接住的游戏。

于是阿飞也那样，将妹妹轻轻地抛起来又接住，玩起了这个游戏。小雪这时候可高兴啦，她呵呵地笑着，兴奋极了。阿飞也越玩越高兴，玩了一会儿，阿飞可能抱妹妹太久了，手有点酸，于是准备将妹妹放下来。

他蹲下来放妹妹，可是小雪这时候还沉浸在刚才的欢乐之中呢，所以没有站稳。阿飞一松手，小雪就"咚"的一声，撞到了茶几边上，刚刚还快乐地笑着的小妹妹脑袋被撞疼了，于是"哇"地哭了起来。

看到这一幕，阿飞被吓到了。他赶紧将妹妹拉起来，揉揉她的小脑袋，让她不哭了。阿飞安慰了小雪好久，她才终于止住了哭声。这时,阿飞却开始犯愁啦,小雪虽然不再哭了,可是头上却起了一个不大不小的包,这可没办法几分钟就消了呀。

阿飞一边继续安慰着妹妹,一边愁眉苦脸地开始想办法。这时,他灵机一动,小雪这些天不是常常戴着一顶可爱的小帽子嘛!只要把帽子给她戴上,爸爸妈妈不就发现不了她头上被撞了一个包吗?自己也就可以逃过一劫,不必因此而挨骂了。这样想着,阿飞赶忙把帽子找了出来戴在妹妹的头上。看到自己将这个过错很好地隐藏了,阿飞终于松了一口气。

过了一会儿,爸爸妈妈回到家,看到小雪仍然坐在沙发上玩玩具,就放下了心,没有注意到她的头上多了一顶帽子。看到这种情况,阿飞在心里暗自庆幸呢。

爸爸妈妈去厨房做饭了,阿飞待在客厅陪着妹妹。突然,阿飞看到妹妹举起手摸了摸自己刚才被撞到的头,还露出一脸无辜的表情。看到小妹妹可怜兮兮的模样,阿飞的心中难受极了。他想:因为自己的不小心,小妹妹才遭受了疼痛,而且自己还想隐瞒过去,这是多么不应该啊!自己应该诚实勇敢地承认错误,这样才能够成为一个好哥哥,做妹妹的好榜样呀!于是,他鼓起勇气向爸爸妈妈坦白了一切。

大家都陪着小妹妹坐着,开心地笑了。

知识链接

> 知错就改,永远是不嫌迟的。
> ——莎士比亚
>
> 任何改正,都是进步。
> ——达尔文

小实践 你有弟弟妹妹吗?如果有,在生活中,你要怎样做才能成为弟弟妹妹的好榜样呢?

乱丢垃圾的坏小可

知识点 知错能改是一种诚实守信的表现，如果能知错就改，你仍然会是一个受人喜欢的好人。

小可平时在学校还算讨人喜欢，总的来说，是一个听话的好孩子，但有一个毛病：不爱卫生，乱扔垃圾。像吃剩的饭盒、水果皮、喝过水后剩下的空瓶子等，他走到哪里就扔到哪里。

有一天，小可将空的汽水瓶随手扔在了路边。同班同学小樱看到了他这一不文明的行为，很生气，于是决定好好批评他一番，让他改掉这个坏习惯。

她来到小可的面前，对他严肃地说："小可，你这样做是很不好的。环境是大家的，我们都有义务和责任去保护，珍惜我们的家园。你想，如果人人都像你这样，那这个世界会变成什么样啊！"小樱对小可说了许多发自肺腑的话，真心地希望他能够改掉自己的坏毛病。

不过，出乎小樱意料的是，小可一点都不领情。面对小樱的指责，他一脸不屑地说："你狗拿耗子——多管闲事！"而且他还将瘦弱的小樱推倒在地。

本来小可并没有想要将小樱推倒在地，于是他吓得立马就跑开了。

小樱很失望，她觉得或许只有告诉老师，让老师来教育小可，才能帮助小可改正这个缺点。

但是，更加出乎小樱意料的是，小可竟然在老师面前说了谎。这更是令小樱感到很生气、很失望。老师看小可不承认，小樱又没有证据，就只好让两人先去上课。

上课时，小可看着小樱，觉得今天真的是自己的不对，自己不仅推倒了小樱，而且还在老师面前撒了谎，这真的很不应该啊。

于是，下课后，小可找到老师说明了一切。

老师微笑着对小可说："其实老师早知道了，但是老师就是想看你是否能够诚信对待问题。你要知道，乱扔垃圾并不可怕，这很简单就可以解决。但是不诚实就很不好了，因为不诚实会让人不相信你。只有诚实的孩子才会受到大家的喜欢。"

小可说："是的，老师，我明白了，我这就去找小樱向她道歉。"

看着真诚的小可对自己诚挚地道歉，小樱非常感动。她说："虽然你今天把我给推倒了，但是你知错能改的诚实还是让我感到非常开心啊！还有，以后可别再乱扔垃圾了。"

"嗯，好的。"小可笑着回答小樱。

从此，小可改正了错误，和小樱成了十分要好的朋友。

知识链接

虚伪的真诚，比魔鬼更可怕。
——泰戈尔

工作上的信用是最好的财富。没有信用积累的青年，非成为失败者不可。
——池田大作

小实践 你自己有没有不文明的行为而且没有听他人意见改正呢？如果有，大胆地说出来并及时改正吧。

放下面子

> **知识点** 很多时候，只要我们放下面子，做事就会轻松多了。

阳光明媚的下午，同学们在上体育课。大家先做好准备活动，围着操场跑了三圈，活动好筋骨后，老师就让大家自由活动了。

这时，洋洋提议道："既然今天天气这么好，大家的精神状态也很好，那我们就来做游戏吧。"

"好的。"大家应声答道。

"要不我们就玩丢手绢吧，好不好？"洋洋提议道。

于是，大家围成一圈，由洋洋率先开始扔手绢。

"丢手绢，丢手绢，丢到哪个小朋友的后面啊？大家不要告诉他……"大家欢快地齐声唱了起来，伴随着欢快的歌声，洋洋欢快地蹦跳着围着大伙围成的圈走，她正寻找谁更容易被"骗"到。

她跑到可可的身后时，立刻觉得可可应该是一个不错的选择。于是，她轻轻地将手绢扔在了可可的身后，并迅速地跑开。果然，等可可反应过来时，洋洋早已跑开了。

没办法，可可只好自认倒霉。所以，这下换他来扔手绢了。伴随着欢快的歌声，可可兴高采烈地蹦跳着搜寻"猎物"，但很明显，他没有洋洋那么幸运，所以他久久未能找到合适的"猎物"。

好几分钟过去了，可可还没能够成功地将手绢丢掉。在极大的尴尬与焦急情绪下，可可有点气急败坏了。

突然，他将手绢随手一扔，手绢落在欢欢的身后。事实上，游戏规则是一定要走到目标的身后，再轻轻地将手绢扔在他身后，并触碰他一下以示提醒。

显然，可可的做法完全不符合游戏规则，所以一场争执就在所难免了。

欢欢首先说："不对，可可根本就没跑到我后面，他是从远处把手绢扔过来的。"

坐在旁边的两位同学也点了点头。

见此情形，可可立马狡辩道："是你们错了，是我跑得快，你们没看清楚，反而怪我。"

将整个经过都看在眼里的洋洋走到可可跟前对他说："可可，其实很多时候，人都是某些事做得不好却放不下面子，一旦放下面子，就会一切都好了。"

听了洋洋的话，可可也觉得应该放下面子，毕竟只是一场游戏而已，于是主动承认了错误，并回到原处再次搜寻他的"猎物"。

知识链接

> 信用就像一面镜子，只要有了裂缝，就不能像原来那样连成一片。
>
> ——阿米尔

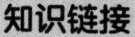 如果你是可可，你会怎么做？

谁偷吃了柿子

 被吃了的柿子可以重新长出,犯了错误以后也可以尽力去弥补。知错就改的人能够得到原谅。

金秋时节,各种作物已经开始收获,水果在经历了几个月的成长之后开始变得饱满水嫩,其中最吸引人的该属王婆婆家后院的几棵柿子树上的柿子了。村里人大多种粮食,种水果的很少。所以,当王婆婆家几棵柿子树上的柿子变得越来越成熟,呈现出鲜艳的红色的时候,村里的孩子们都眼馋极了。

小林也是天天眼巴巴地望着那些一天天成熟的柿子,悄悄地咽了好几次口水。终于有一天,那些柿子完全成熟了,清晨,王婆婆摘了一半拿到邻村的集市上去卖。

嘴馋的小林便约了两个伙伴一同去摘几个柿子吃。他们说干就干,都是习惯了爬树的孩子,手一拉、脚一蹬,三两下便翻进了王婆婆家的后院。可他们一时半会儿找不到梯子,便索性爬上了柿子树开始摘起柿子来。这些树经不起他们折腾,便开始轻轻摇晃起来。

他们才不管那么多呢,用手摘还嫌太慢,就让一些人在树下接着,树上的人便抓住树的枝干摇起来,那些柿子本来就很成熟了,再一摇,便都落下来。他们高兴极了,怀里揣着柿子跑到河边偷偷吃完了。可是柿子树上不仅柿子落光了,而且根部也已经松动了。下午刮起了一阵大风,这些根基不稳的树便横七竖八地倒下了。

王婆婆赶集回来,一进家门,发现倒下的几棵柿子树,柿子也都掉到地上砸坏了，她又气愤又难过，坐在家门口哭了起来。小林的爸爸正好路过，忙问怎么回事，听王婆婆说后，心中便已猜到了几分。

回家之后，爸爸并没有立即责备小林，而是对小林说："小林，王婆婆这么多年都一个人生活，又没有经济来源，只靠每年卖的那么一点点水果维持生计。如今她的柿子被偷走了，柿子树也倒了，她多可怜啊。真希望偷柿子的人能去向她赔礼道歉。"

听了爸爸的话后，小林的心里难受极了。偷柿子时，他完全没有考虑到王婆婆的艰难处境。他又想起每年柿子成熟时，王婆婆都会分一些给他们这些孩子……

想到这儿，小林后悔莫及，他急忙跑到王婆婆家，看到王婆婆还在伤心。他帮王婆婆把院子清理干净，然后说："对不起，王婆婆，是我做了坏事，以后我再也不这样了。让我把柿子树栽回去吧。"听到小林真诚的道歉，王婆婆原谅了他，还夸他是个诚实的好孩子。

后来，王婆婆的后院又长出了几棵茁壮的柿子树，结出的柿子又红又大。

知识链接

> 闪光的东西，并不都是金子；动听的语言，并不都是好话。
> ——莎士比亚

小实践 如果你是小林，你会怎样做来弥补自己的过错？

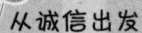

好 孩 子

 犯错误是一件很普通的事，只要你能勇敢地承认，就能赢得别人的信任。

冰冰是一名小学六年级学生，而且是班干部，学习成绩优秀，待人接物得体，在同学中很受欢迎。

植树节就要到了，学校要组织大家外出义务植树，为营造美丽的环境做贡献。冰冰作为班干部，自然有义务组织好大家，把这次的植树活动做好。所以，冰冰承担了看护小树苗这一任务。

一大早，冰冰就来到储藏室检查小树苗。今天，小树苗依然完好无损。冰冰随便看了看便放心地走了。但是，他忘了给小树苗洒水，于是，树苗开始慢慢干枯了。

冰冰全然不知正在发生的事，依然兴高采烈地玩耍和一如既往地学习。

晚上，当冰冰再次来到储藏室检查小树苗的情况时，他害怕了，因为他看到好几棵小树苗的叶片都泛黄了。

"遭了，早上忘洒水了。"冰冰一下子反应过来，"这下我闯大祸了，该怎么办啊？"

一时慌了神的冰冰决定将这件事隐瞒下去。于是，当第二天早上老师来检查，发现树叶变黄而向他询问情况时，冰冰装作一脸茫然的样子，称自己完全不知道这是怎么一回事。但是老师指出这几天只有冰冰一个人在进出储藏室，没有第二个人。即使这样，冰冰也依然不承认。

很快，老师开始着手处理树叶发黄的问题。作为班干部，冰冰也加入进来，帮助老师尽力将损失降到最低。在与老师的辛苦工作中，尤其是看到这些本来完好的小树苗由于自己的疏忽而受损，看到本来应该是在休息的老师却在这里挥汗如雨，冰冰感到内心不安。

终于，他向老师说明了一切。老师看着他，明白他已战胜了心魔，克服了自己的心理矛盾，高兴地说："真是一个好孩子，既然你已经认识到了错误，就要立即改正，好不好？"冰冰认真地点了点头。

知识链接

> 不宝金玉，而忠信以为宝。
> ——《礼记·儒行》

小实践 当你负责一项任务时，你应该怎样以诚实守信规范自己的行为？

知错要改

 犯了错误就要勇敢地承认,做一个有责任心的人。

了了的体力快要耗尽了,他与小南的乒乓球比赛已经进行到最后一局的中段了,比赛却越来越激烈了。

两人实力相当,都鼓足了劲儿的想要打败对手拿到冠军,可是谁都无法将比分拉开。而了了感觉自己的体能似乎快到极限了。

或许是太想拿下这次比赛的缘故吧,了了竟然决定要诈。

下一个球该小南发,了了先做好接球的准备。然而就在小南将球抛向空中的那一刻,了了将自己的左手半举了起来。这时,看到了了举手的小南以为了了没有准备好,但是这时自己的身体已经做好了击球前的最后一个动作。由于惯性,小南还是把球给打了出去,不过由于看到了了举手,因此又有一个收手的动作。这样的结果就是球没有发过网。

裁判由于注意力集中在发球的小南身上,没有看见了了使诈的动作,直接判了了得分。

于是,小南提出了异议,说了了举了手,自己以为他没有准备好才发球失误的。

于是,裁判问了了是否举手了,了了当然撒谎说没有。既然了了说没有举手,裁判就维持了原判。

对于这样的判罚,小南觉得很不甘心,他的心态受到了严重影响,于是他便输掉了比赛。

比赛结束之后，小南觉得了了是一个可恶的骗子，再也不想跟他说话了。于是，不论走到哪里，他都绝对不会理了了。

而了了尽管赢了比赛，但知道自己赢得不光彩，心中本有愧疚，再看到小南不理自己，心情更加低落。

了了的妈妈看了了心情如此糟糕，便问了了怎么了。了了便将事情的经过完整地跟妈妈说了。听完后，妈妈对了了说："了了，你知道负荆请罪的故事为什么会流传千古吗？那是因为故事中廉颇展现出的知错能改的精神很可贵啊！人都是会犯错的，如果能知错就改，那就善莫大焉了。你要诈不诚实就很不对，如果你还知错不改的话，那就更是错上加错了。你不想再错下去了吧？"

听了妈妈的话，了了点了点头。

之后，了了向小南道歉。看着诚心悔过的了了，小南原谅了他，说："就是嘛，诚信是做人准则中最重要的，你怎么能耍诈呢？"

"我以后不会了，小南。"了了说，"那我们再打一场球吧，看到底谁能赢。"

"嗯，那再好不过了。"小南高兴地说。

知识链接

> 负荆请罪：背着荆杖，向当事人请罪，形容主动向人认错、道歉，给自己严厉责罚。负荆请罪的故事出自《史记·廉颇蔺相如列传》，讲述了战国时赵国廉颇、蔺相如的故事，又称将相和。

小实践 廉颇和蔺相如为什么能够成为好朋友？负荆请罪的故事给了你什么启发？

谁是三好学生

知识点 任何人都有犯错误的时候,如果能知错就改,你就能不断进步。

阿涛清晨早早地就来到了教室,他平时可从来都是踩着上课铃才来的呀,今天是怎么回事呢?难道他想要开始好好学习了吗?当然不是,阿涛才没这么乖呢。他这么早就来,是因为今天要进行期中考试了,自己什么都不懂,当然要早点来"准备"一下啦!

阿涛匆匆忙忙地拿出那本自己没怎么用过的语文书,又拿出一支铅笔,就专心致志地抄起来。他把要考的课文、词语密密麻麻地抄在了课桌上,这项工程不一会儿就完成了,阿涛满意地看了看,然后撕下一张白纸挡住了这些作弊的内容。

考试开始了。卷子一发下来,阿涛就迅速地浏览了一遍,他惊喜地发现,考的内容居然都是自己刚刚抄在桌子上的那些!这下阿涛可乐坏啦,他便开始作弊了,每次老师一转过身,他就赶忙掀开卷子看桌子上的"小抄",然后迅速地将答案誊写到卷子上去。

就这样,不一会儿,阿涛便将整张卷子都做完了。他又核对了一

遍,之后就胸有成竹地交卷了。阿涛想,这次考到的内容都是在桌子上准备好的,自己肯定能得一个好分数吧!想到这儿,阿涛更高兴了,他甚至开始佩服起自己的作弊能力来,开心地回家了。

两个星期以后,成绩出来了。果然,阿涛的语文成绩非常好,得到了95分,是全班的第一名呢!这时大家都对他刮目相看,没想到平时那么贪玩的阿涛居然可以得到这么高的分数,而学习非常刻苦、一直是班级

第一名的小亮考了92分,只能屈居第二!

接着,老师向大家宣布:"这学期班上要选出一名三好学生,评选的依据主要就是这次期中考试的成绩。而这次我们班上的第一名就是阿涛,而且阿涛也没有做什么违规违纪的事情,所以我认为应该推举阿涛同学作为我们班的三好学生,代表我们的班级获得荣誉!"

老师说完后,大家都开始七嘴八舌地讨论起来。这个消息让大家有点激动,大家本来都以为三好学生会是班上的学习委员小亮呢!就在大家议论纷纷的时候,阿涛的心情复杂极了。一方面,他因为自己被评选为三好学生而非常激动;另一方面,阿涛觉得非常惭愧,毕竟这个三好学生的称号是因为作弊才得到的。

这时,他又想起了阿亮,自己平时非常贪玩,可是阿亮一直非常勤奋努力地学习,却什么也没有得到,自己岂不是通过不正当的手段抢了别人的东西嘛!这么想着,阿涛越来越难过,他觉得自己应该向大家说出真相,把三好学生的称号还给小亮。

终于,他下定了决心,向老师和全体同学说出了事情的经过,并说道:"三好学生应该是给学习好、品德好的学生的,可是我却用作弊才得到这个荣誉。我觉得应该把称号授予真正适合它的人!"

阿涛说完后,全班都被他感动了,老师说:"你是一个诚实不说谎的人,所以你也是我们班的好学生!"

知识链接

三好学生:中国学校给予被评选出来的优秀学生的一种荣誉称号,"三好"是指思想品德好、学习好、身体好。自1954年开始,"三好"成为学生追求的目标和荣誉,也成为"好孩子""好学生"的同义词。

小实践 在荣誉和良好的品德之间,你愿意选择哪一个呢?

捐书记

知识点 想要做一个坦荡的人，就必须做到不说假话，坦诚地对待别人。

老师走进教室，对全班同学说道："大家知道吗？当你们用着课桌读书学习的时候，就在离我们不远的地方，有一个叫作安乡的山村。在那里，有许多和你们一样大的孩子也在上学。可是，他们的课桌却是简陋的木板搭成的，而且，他们看的书只有课本，一本课外书都没有。所以，这次我要倡导大家，如果大家有多余的已经看过的课外书、杂志的话，请将它们捐出来，让安乡的孩子们也能够用到这些资源，让他们也能看到外面广博的世界，感受到你们的爱心！"

说完这些，老师又拿出一些安乡学校的照片让同学们看，鼓励更多的同学捐书。很多同学看完照片之后都被感动了，他们没想到在距离自己这么近的地方，居然还有一些孩子生活、学习得这么艰

苦!于是,大家都在抽屉里摸索,把自己的漫画书啊、作文书啊统统翻了出来,交给老师带给那些孩子。

这个时候,看到大家如此积极热心,小龙不好意思了,因为他的抽屉里还有好几本自己订阅的《课堂内外》杂志。小龙很喜欢这种杂志,每次一买来就会把它看完,现在抽屉里已经摞起来七八本了。同学们都已经捐出了自己的书,那么自己是不是也应该将这几本杂志捐出去呢?小龙的心里犹豫着,可是,如果捐出去的话,自己的一整套杂志就不完整了呀,而且,自己可喜欢这些杂志了,多舍不得呀!如果不捐的话,那也不会有人知道的。

就在他内心挣扎的时候,他看见班上家庭比较贫困的小志从课桌里拿出了他存了一年的书,原来,小志曾经订阅了一年的《小学生优秀作文》。他一直都把这些书整整齐齐地放在抽屉里,时不时地就会拿出来翻看一下,学习写作文的知识。他平时非常珍爱这些书,看的时候都小心翼翼,生怕弄坏了,而现在,他却大方地将书全部拿了出来,捐给贫困山区的孩子们。

看到他的举动,小龙被深深地感动了,他为刚才自己的想法感到很羞愧。别人都愿意把自己非常喜爱的一整套书捐出来，为什么自己还要吝啬这几本杂志呢？而且自己还想要瞒着大家把杂志偷偷藏起来，这是多么令人难堪的事情啊！

这么想着，小龙脸红了，他立刻从抽屉里拿出了那几本杂志，交到讲台上老师的手中。这时，讲台上已经堆起厚厚的几摞书啦。小龙又看了看那些安乡学校、学生的照片，突然觉得自己的心中不像刚才那么沉重了，他甚至可以想象到这些孩子得到这些课外书时欣喜的表情。

想到这儿，小龙不由自主地笑了。

知识链接

一丝一毫关乎节操，一件小事、一次不经意的失信，可能会毁了我们一生的名誉。

——林达生

小 实 践 如果是你，你愿意将珍爱的东西捐出来吗？如果不愿意，你会为此而撒谎吗？

诚信的力量

知识点 做人要诚实，坚持诚信和公平、公正的原则，就会受到大家的尊敬与喜爱。

此刻，阿超心里纠结极了，不知究竟该如何选择。今天是周五，按照规定这次该他们小组做大扫除，清扫教室，而且还要由老师来打分，让各组相互比较。可是，中午的时候，其他小伙伴约阿超下午放学之后一起去踢足球。阿超是多么想去踢足球呀！他一直都非常热爱这项运动，而且自己已经一个星期没有踢了，天天都想得心痒痒的！可是，如果自己逃掉大扫除的话，大家肯定会责备自己没有集体荣誉感。

考虑了半天，阿超还是没能抵挡住足球的诱惑，于是他为了逃避大家的责备，决定向大家撒一个谎。他找到组长小潘，对他说："不好意思啊，今天我哥哥结婚，所以我必须去参加他的婚礼，不能和大家一起大扫除了。"听阿超这样说，小潘便欣然同意了，还让阿超放心，说他们一定会做得很好的。

就这样，一下课阿超就匆匆奔向了足球场，开始他期待已久的运动。可是，阿超在运动场上奔跑时，眼睛却时不时地瞟向教学楼上四楼自己班的教室。他看到伙伴们都在奋力地劳动着，琳琳端着一大盆水从走道尽头走到了教室门口，阿林踩在凳子上擦窗户……

看到同学们在那里挥汗如雨地打扫卫生,又想到自己居然偷懒欺骗他们出来玩耍,踢着足球的阿超心里越来越难受,他觉得自己像背叛了大家一样。大家都对自己很好,自己怎么能利用他们对自己的信任呢?想到这儿,阿超毅然决定要回到教室与大家一起劳动,一起为这个小组争取荣誉。于是他放下足球,朝教室飞奔而去。

看到阿超回来,小潘诧异极了,便问他是怎么回事。阿超红着脸向大家解释道:"我真对不起大家,我说我哥哥结婚是在骗你们,其实我是想要去踢足球。你们能原谅我吗?"

看到阿超的真诚,大家都原谅了他的谎言。大家都开怀地笑着,很快就又投入到大扫除的工作中了,在彼此信任的一片和谐的氛围,大家都很认真,终于打扫完毕。团结就是力量,老师来了之后看到这一个个真诚的孩子,给了他们满分的评价。大家开心地拥抱在一起。

知识链接

诚信就像人生航船的桨橹,控制着人生的方向。
诚信是沟通心灵的桥梁,善于欺骗的人,永远到不了桥的另一端。

小实践 在平时的生活中,你要怎样做才能让大家都相信你、喜欢你呢?

带相机

知识点 只有始终如一地履行自己的承诺,才会取得大家的信任。

小商是六年级三班的班长,平时做事踏实认真,积极高效,深得老师的信任和同学们的喜欢。所以自三年级开始到现在六年级,他一直都是班长,而同学们平时都亲切地叫他班长。

也许是当班长当久了的缘故吧,小商的话在同学中还算是比较有威信的。所以当那天他没有履行自己的承诺时,同学们大吃一惊。

那天的事是这样的。校庆前的一天,老师问哪个同学可以带相机给全班同学照相。同时,老师强调,因为相机贵重,而且要担负起为全班同学照相的重任,所以一定要保证自己可以带来。小商积极地举起了手,说自己家里有个相机可以带来,并且自己可以给同学们照相。这样,本来就很放心小商做事的老师,又确定了一下,就欣然同意了。

事情似乎就这么成了，但是没有，因为小商没有履行自己的承诺。

第二天早上，小商出门时竟忘了带相机，当他刚到学校时，他才想起来。这下小商可着急了，该怎么办啊！

无奈自己没时间回家拿，所以小商只好硬着头皮到教室去。

到了教室，同学们都激动地跑到小商

面前，问他带相机没有，大家今天可都穿着漂亮的衣服，想要照得漂亮点哩。

看着同学们高兴激动的样子，小商觉得又惭愧又害怕。就这么一下子，小商说了谎："我家的相机坏了，所以就没带来了。"

听到小商这样回答，大家都感到非常失望。大家都开始担心起今天没人照相该怎么办。这时，老师走了过来，看见同学们愁眉苦脸的样子，就问是怎么一回事。同学们把事情一五一十地告诉了老师。老师听后，来到小商跟前问他是怎么一回事儿。本来就有些慌张的小商这下更害怕了，他支支吾吾地对老师说："相机坏了，不能带来了。"

看着支支吾吾的小商，老师猜到他可能在撒谎，就把他领到一旁，问道："小商，告诉老师，到底是怎么回事？"

小商低着头说："对不起，我忘记带了。"

听完小商的话，老师温柔地抚摸着小商的头，说："傻孩子，没带就没带嘛，可以借啊。但是怎么能撒谎呢？"

"因为我没有履行自己的诺言，我害怕大家责备我。"小商说。

"对啊，所以你以后要记住，承诺的事一定要努力做到，千万不可撒谎！"老师嘱咐道。

小商点点头。

知识链接

读书在于明理，做人在于诚信。

小实践

小商是怎样取得老师和同学的信任的？后来他为什么害怕说实话？思考一下，你要怎样做才能取得大家的信任？

诚信小站

知识点 诚信是一种内心的信念，做出的承诺应谨记心头并及时兑现。

城市里车水马龙，公交车鸣着响亮的汽笛声呼啸而过。潇潇像往常一样连蹦带跳地来到家门口的公交站，焦急地等待着7路公交车的到来。要知道，他8时10分上课，而现在已经是7时50分了，他可一刻都耽搁不得啊！

终于，7路公交车在拐角处出现了。车刚停下，潇潇就迫不及待地跳了上去，一摸口袋，咦，自己的公交卡怎么不见了？他搜遍全身的衣兜、裤兜都找不到，

忽然他恍然大悟：呀，今早换了外套，卡还在昨天的那件外套里。潇潇心慌极了，自己又没带零钱，这可怎么办呢？以前自己可从没遇到过这样的事啊！

可是，时间又不允许自己再回家去拿。潇潇又羞又急，于是只能硬着头皮对司机叔叔说道："我忘了带卡，明天再来刷行吗？"见他急成这个样子，司机不忍心赶他下车，便点了点头。这时，公交车的汽笛声又鸣叫起来，呼呼地向前奔跑了。

第二天，潇潇心里已准备好了要多刷一次卡。正在他等公交车的时候，一个人突然拍了拍他的肩膀，是小亮！他们是同班同学，见到自然高兴极了，便兴高采烈地聊起天来。他们谈得开心极了，以至于差点就错过了公交车！两个小伙伴一起跳上车，刷了卡之后继续着刚才的话题。潇潇早就忘了自己昨天没刷卡，今天要补上一次的事情了！

又过了一天，潇潇前一天晚上和朋友去踢足球，没有写作业，上车时正在心烦意乱地想昨天的作业没写该怎么办。于是，他又忘了自己答应要再刷一次卡的事情了。

就这样，一天又一天过去了，潇潇的小脑瓜里每天想的东西可多了，他便渐渐地忘了这件事。一个多星期以后，潇潇在车上坐着，好奇地观察着车上的乘客们在做些什么。这时，公交车在一个站台停了下来。人都上得差不多了，突然潇潇发现有个人上来之后，很抱歉地对司机说："昨天忘了带卡，不好意思啊！"然后他刷了一下卡便下车离开了。看到这幅场景，潇潇顿时想起自己直到现在都还没有刷卡的事情，脸唰地红了。

是啊，那个人本不坐这趟车，却专程过来刷卡，兑现他的诺言。而自己天天都要坐这班车，却一直没把这件事放在心上。潇潇的心中难过极了，他决心要做一个守信的人，于是连忙跑到门口对司机笑笑说："对不起，我上次也忘了刷卡！"他刷了卡之后，全车的人都用赞许的目光看着他，潇潇的心中骄傲极了，他昂首挺胸地回到了座位上。

这个诚信小站，用一件小事告诉潇潇，也告诉我们：要做到诚信，就应该在生活中处处注意，时时刻刻都不要忘了自己许下的诺言！让我们都在诚信的小站上多停留一会儿吧！

知识链接

非信无以使民，非民无以守国。
——《资治通鉴》

小实践 你曾忘记过自己做出的承诺吗？如果承诺还没有兑现的话，现在就行动起来吧！

为了诚信

知识点 以诚实守信作为行为准则的人往往是会得到好结果的。

小涛的妈妈非常重视诚信教育,时常叮嘱小涛为人要诚实守信、刚正不阿。因为小涛的生日快到了,所以妈妈决定按之前的约定,给小涛买一辆他最喜欢的玩具赛车作为生日礼物。可是在回家的时候,妈妈一不小心将礼物掉到小区路边的草坪上。

这时,小涛正好快走到妈妈掉玩具赛车的地方了!原来,小涛今天是和小伙伴们约好一起在学校操场上踢足球的,这会儿,他正好踢完足球走在回家的路上。而妈妈在发现丢了礼物后,也正在往回家的路上找。

小涛慢悠悠地走过来了。突然,他眼前一亮,发现路旁有一辆制作精美,而且还可以控制、可以自己安装的玩具赛车!小涛心中激动极了,他捡起玩具赛车一看,哇,玩具赛车几乎还是新的,这时小涛高兴极啦。要知道他一直都非常喜欢玩玩具赛车,而且有一辆玩具赛车该是件多么值得炫耀的事情啊!

看到手上这辆绚丽的玩具赛车,小涛的心中又开始犹豫起来。从小到大妈妈都教育他要拾金不昧,而现在自己捡到了玩具赛车之后却想把它据为己有,这样做对吗?可是,眼前的这辆玩具赛车多么帅气、多么吸引人呀!自己一直想要一辆呢!

思前想后,小涛仍然不能决定。他看了看周围,静悄悄的,一个

人也没有，如果自己拿了的话，那也不会有谁知道。可是，如果自己真这样做了，自己心里会觉得好受吗？这样想着，小涛还是决定将这辆玩具赛车物归原主。

他拿起玩具赛车来到附近商铺那里，将玩具赛车交给店员并告诉店员请留意失主回来寻找玩具赛车。小涛正准备离开，谁知一转身，发现妈妈正站在他的身后对着他微笑呢！小涛诧异极了，他不知道他做的这一切都已经被妈妈看到。

当他还愣在那里时，妈妈走过来轻轻拍了拍他的头，告诉了他事情的经过，并且赞叹地说道："一直以来我都教育你要做一个诚实守信、刚正不阿的好孩子，而今天我很高兴你真的听了妈妈的教导，真正做到了拾金不昧。孩子，妈妈真是为你感到骄傲，希望你以后能成长为一名顶天立地的男子汉！"

听了这话，小涛又想起他刚才的犹豫，心中有一丝惭愧。不过，他知道自己最后做了一个正确的选择，所以心中也暗暗地为自己骄傲呢！

知识链接

诚信是道路，随着开拓者的脚步延伸；诚信是智慧，随着博学者的求索积累；诚信是财富的种子，只要你诚心种下，你就能找到打开金库的钥匙。

小实践 你还知道其他拾金不昧的故事吗？如果知道，和周围的同学分享吧！

小韩报恩

知识点　知恩图报，有诺必践，这是每个人都应时刻铭记于心的。

小韩是一名小学六年级的学生了，每天生活的主旋律就是为毕业考试做准备，小韩可是想要努力考上重点中学哩！而且小韩给自己定下了未来当一名工程师的目标！

所以，小韩现在的学习生活是比较繁忙的，平时的放松时间则很少。

可是，就是在这么忙、这么紧张的时候，小韩每天都会在放学的路上到一个老奶奶家里做一会儿家务活。这个老奶奶并不是小韩的亲奶奶，而且他也不是做义工。

那这是为什么呢？是什么使得小韩每天坚持在繁忙的学习中抽出时间来给这位老奶奶做家务活呢？

原来，在二年级时，有天小韩放学回家时，不小心被绊倒了，摔倒时刚好磕着石头了，当时小韩伤得有点厉害。还好，这位老奶奶及时出现，将小韩带回自己的家中，及时为小韩止住了血并帮助他清洗了伤口，这样小韩才无大碍。后来，小韩恢复得很快，这和老奶奶的帮助有很大的关系。

好了之后的小韩找到老奶奶向她道谢，这时，小韩才惊讶地发现原来老奶奶腿脚很不方便，儿女们在外地工作，很少回来。知道了这些情况之后，小韩决心每天帮助老奶奶做家务活，以报答老奶奶的恩情。

从诚信出发

刚开始时,小韩有些不习惯,因为平时在家里他从不做家务活。所以没做几次他就想要放弃了。

妈妈知道了小韩的想法之后,就对小韩说:"小韩,你怎么能就这么放弃呢?你这样畏惧困难,还怎么可能当一名伟大的工程师呢?"

"可是,做家务活不是想象的那么简单啊。"小韩说。

"对啊,做家务活不容易。但这是你应该学着去做的,这恰好是你锻炼自己的机会。最重要的是,这是你之前许下的承诺,你必须要用你自己的实际行动去履行它。如果你食言了,你就犯了大错,因为你丢掉了做人最起码的诚信。你去帮助老奶奶,知恩图报,这是知礼;你践行你的诺言,这是守信。知礼守信你都做到的话,相信你日后一定会深得大家的喜欢,你也一定会成为你所梦想的工程师。"妈妈说。

听了妈妈的话,小韩总算打开了心结,微笑着向妈妈点了点头。

后来小韩坚持每天去老奶奶家做家务活,而他也渐渐养成了言出必行的好习惯。

知识链接

言出必行:说了就一定要(能)做到,就必须做到,多用来比喻一个人很有信用,褒义词,同"言必信,行必果"。

小实践 小韩的行为让你受到了怎样的启发?你会知恩图报吗?

守口如瓶

知识点 一个人要想取得他人的信任，首先必须要信守自己的诺言，履行自己的承诺。

好些日子了，小乔的脸上一点笑容也没有，前不久她还常常和同学一起开玩笑、做游戏呢。这阵子她却老是一个人坐在自己的座位上，一副忧郁的样子，没有心思和同学们玩。看到小乔这个样子，作为她朋友的佳佳当然很心急，她问过小乔好几次到底发生了什么事，可小乔就是不说，都快把佳佳急死了！

这天下午放学，佳佳把小乔拉上，一起去公园散步，两个小伙伴挽着手走在公园的林荫路上，走累了就坐在公园的人工湖旁边休息。这时是秋天，一阵风吹过，金黄色的落叶就簌簌地飘到湖面上。看到这萧索的景象，加上心情本来就不好，小乔便轻轻地哭了起来。

这可把佳佳吓坏了，她赶紧问小乔怎么了，是不是哪里不舒服。终于，小乔抬起头来对她说："佳佳，我告诉你发生了

什么事,可是你可不能告诉别人啊!我怕同学们都知道了会笑话我。你答应我,我才告诉你。"

听到这话,佳佳赶忙保证道:"嗯,好的!我答应你,我一定会守口如瓶,你就放心地告诉我吧!"得到了保证后,小乔终于开始向佳佳倾诉。

原来,小乔的父母前些日子离婚了。小乔的爸爸是个爱喝酒的赌徒,那些天他把家里的钱都偷出去赌博然后输了个精光才回来,被小乔妈妈发现之后,两人就大吵起来,往日的怨气都爆发了。于是第二天两人就去办理了离婚手续,由妈妈照顾小乔。可是,大人离婚却连累到了孩子。小乔开始不明白,经常问妈妈,爸爸哪里去了,什么时候回来,妈妈总是不回答,这些天才告诉了她实情。

知道实情之后,小乔伤心极了,这才明白原来爸爸已经抛弃了她们母女二人,现在已经不知去向。小乔既想念自己的爸爸,又同情妈妈必须得一个人撑起这个家。所以,这些天她才那么忧郁难过。

听完小乔的诉说之后,佳佳震惊极了。她没想到小乔的家里居然发生了这么大的变故,同时她也非常同情小乔,没有了爸爸的关爱那该多可怜啊!

过了几天,佳佳的另一个好朋友小敏向佳佳问起小乔心情怎么这么低落,这时,佳佳忘记了小乔的再三叮嘱。她想,告诉小敏也没什么,反正小敏不会说出去的,所以她就把小乔的事情告诉了小敏。小敏又把这事儿告诉了小瑶。

就这样，一传十，十传百，不知怎么地，这件事居然全班同学都知道了。一些调皮的男生很不懂事，有时候大声地讨论，或者直接就问小乔："小乔，你是不是没有爸爸了？"听到他们这样说，小乔又气愤又难过，她可只把这件事告诉了佳佳啊！所以她就去质问佳佳是不是没有信守给自己的承诺，没有守口如瓶，而佳佳则支支吾吾的，说不出话来。

自这件事之后，小乔再也不理佳佳了。她告诉别人，佳佳是一个不讲信用、守不住秘密的人，是个不值得交往的朋友。

知识链接

百虑输一忘，百巧输一诚。

——顾图河

小 实 践 你是能守住秘密的人吗？

诚为真金

一个讲诚信、守承诺的人一定会受到大家的喜爱与敬佩，并且大家同样会真诚地对待他。

赵乐乐是光明小学六年级的学生，平时为人正直、老实，大家都非常喜欢他。一次经历让他明白，一个讲诚信、守承诺的人一定会受到大家的喜爱与敬佩，并且大家同样会真诚地对待他。

一次上英语课时，老师让大家自由讨论学习英语的心得，有问题的话可以举手问。

就这样，大家开始热烈地讨论起来。刚开始，大家都还在认真地讨论怎么学好英语。可是不一会儿，有两个同学扔起了纸团，而这两个同学扔纸团更是导致了十几个同学互相对扔纸团。

这时，老师还在给其他同学讲解问题，没有注意到他们。

见这些同学越扔越厉害，赵乐乐就去叫老师来制止。

听到赵乐乐说的情况后，老师马上制止了那些顽皮学生的淘气行为。

老师生气地说道："你们这是在干吗，不知道这是在上课吗？有哪些人扔了的，都给我站起来。"

老师这句话说完，唰地站起来五个人。老师看了看这五个同学，说："绝对不止这五个，还有哪些人，如果不承认，我会加倍处罚。"听到老师这样说之后，其余扔纸团的同学都站了起来。

这时，一个同学或许是出于报复赵乐乐告状的缘故，竟撒谎说赵乐乐也扔了纸团。其他同学也随声附和说是。

一下子受到了冤枉的赵乐乐顿时大声说他们在撒谎，可是那么多人都说他扔了，他也是有口难辩，所以老师就自然地以为赵乐乐也扔了纸团。于是，老师就批评他说："乐乐，扔纸团不可怕，但是不诚信就很可怕了。"听到老师这样说自己，赵乐乐气得冲出了教室。

看着赵乐乐被气走，那个率先撒谎的同学觉得很内疚。就在老师想走出教室追赵乐乐时，他拦住老师说："对不起，老师，是我不对。我撒谎了。"其他同学也围住老师说是自己撒谎了。

老师停下了脚步，看着大家，说："好，你们知错能改就是好孩子。以后也要记住诚实守信是最重要的，决不能撒谎。现在我去把赵乐乐找回来，你们要向他道歉。"大家知错地点点头。

不一会儿，老师带着赵乐乐回来了。大家诚挚地向他道了歉。赵乐乐接受了大家的道歉，说："不管怎样，这都给我们大家上了一课。做人一定要诚实，否则你的谎言会伤害到他人。"

知识链接

毛遂片言九鼎，人重其言；季布一诺千金，人服其信。

——《幼学琼林》

不宝金玉，而忠信以为宝。

——《礼记·儒行》

小实践 当你遇到类似的情况后，你会怎么做呢？

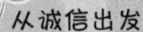

哪儿来的糖果

知识点 偷东西是非常不诚实的行为，不论在什么情况下，我们都不应该拿不属于我们的东西，这样才能活得坦荡。

兵兵的小手被妈妈牵着，他兴奋极了，自己已经很久没有来逛过超市了呀！况且现在正是春节之前的购物季，超市里到处都装饰得喜庆漂亮，缤纷绚丽。在种种让人眼花缭乱的商品之中，最能够吸引到兵兵的就是摆在柜台里各式各样花花绿绿的糖果。

往常过年，妈妈都会买上一大袋好吃的夹心糖、奶糖等回家，让家人和客人在春节都能过得"甜甜蜜蜜"。可是今年，兵兵却被明令禁止不许吃糖。为了不让他吃到糖，妈妈甚至一颗糖也没有买回家，只买了一堆水果准备着，这是为什么呢？

因为这时兵兵正在换牙，为了保护好他长出的新牙，妈妈一颗糖也不许他吃。妈妈说至少要等到牙齿都长好了才可以吃糖。

可是，那些包装精美的糖果对兵兵来说多么有诱惑力呀！想到那酸酸甜甜的糖果在嘴里溶化的感觉，兵兵口水都要流出来了。正巧，妈妈在货架上挑选过年喝的酒，而他们的背后正好是放糖果的柜台。

见妈妈挑得专心，兵兵趁她不注意，就溜到了糖果柜台那里，抓起几颗巧克力豆，看到那亮闪闪的诱人的外表，兵兵实在忍不住啦。这时，妈妈严厉的话语都被他忘了。见没人注意，兵兵赶紧将那一把巧克力豆藏在了外套的衣兜里，然后将手插在衣兜里，紧紧地攥住他的"胜利果实"，像是怕它们飞走了似的。

当然，热闹的超市里没有一个人看到兵兵的这一举动，购完物后妈妈就带兵兵回家了。晚上，兵兵悄悄躲在被窝里，将在超市里偷的巧克力豆拿出来迫不及待地吃完了。然后他将包装纸全都藏在枕头下面就睡着了。

谁知第二天早上，妈妈清理他床铺时，发现了这几个包装纸。这是哪儿来的糖果呢？妈妈赶紧去质问兵兵。在妈妈的严厉质问之下，兵兵才吞吞吐吐地说出了实话。妈妈知道后非常生气，严肃地对他说："偷东西是非常不对的行为，拿了别人的东西而不付钱是非常不诚信的行为。兵兵，不论什么理由，你以后都不能再偷东西了。要做一个诚实的、光明坦荡的人，明白吗？"

在妈妈的教导之下，兵兵认识到了自己的错误，坚定地点了点头。

知识链接

抱柱之信用以表示坚守信约。《庄子·盗跖》："尾生与女子期于梁下，女子不来，水至不去，抱梁柱而死。"李白《长干行》诗："常存抱柱信，岂上望夫台。"

小实践 为了成为一个光明磊落的人，在生活中我们应该怎样做呢？

生日礼物

 对于自己没有把握的事，不要轻易答应，一旦答应下来就要努力做好。

下周一就是小红8岁的生日了。这几天，她陆续收到了同学和朋友们送来的礼物与祝福。小红完全沉浸在一片欢乐与幸福之中，不论做什么事都非常开心。

小林是少有的几个还没有送小红礼物的人。他不知道该送什么礼物给小红才好，为此他一直闷闷不乐。

放学后，小林独自走在回家的路上。突然，果果从后面追上来，拍了拍他的肩膀说："听说你还没送小红礼物，你准备送什么啊？"

小林说："我还没想好，但是我肯定会送一个大大的礼物给小红的！"

"好吧，既然你都这样说了，那我倒要看看你送什么大礼物。"果果说。

说完，果果便回家去了。望着果果的背影，小林有点心虚了，因为他对于送小红什么礼物心里一点谱都没有，而且他也没有那么多钱给小红买一个大大的生日礼物啊！想到这些，小林不免开始想象到时候送不出礼物的尴尬。

小红的生日马上就要到了，可是小林还是没有准备好礼物。不得已，他只好送了小红一个小笔记本。收到礼物的小红当然非常开心，可是这礼物偏偏被果果看见了。他看到后大笑道："哈哈，原来这就是你所说的'大'礼物啊。"

听到这样的话，小林觉得很不好意思。他说道："我真的没时间准备了，我不是故意撒谎逗能的。"

听到小林这样说，果果对他说："没事，我也不是要刻意嘲笑你。我只是希望你明白，说到就一定要做到，否则，还会有人会相信你吗？比如说这次，你既然不能送出'大'礼物，那当初就不应该信誓旦旦地承诺啊！"

听了果果的话，小林更尴尬了，他说道："嗯，我知道了。我以后会注意的。对于自己没有把握的事，不要轻易答应下来，而一旦答应下来就要努力做好。"

小林说罢，果果给了小林一个有力的拥抱。

知识链接

一诺千金：许下的一个诺言有千金的价值，比喻说话算数，极有信用，出自司马迁《史记·季布栾布列传》："得黄金百，不如得季布一诺。"

小实践

你有没有过小林这样的经历？如果有，你又是怎么做的？

泽子与涵子

 守信是做人的根本。守信就是要说话算数，说到做到。

泽子和涵子是同班同学，而且从一年级到现在五年级都是同班同学。所以，他俩都很了解对方。泽子平时为人开朗活泼，心胸宽广；涵子平时为人谦和有礼。俩人相处得也还算融洽。

可是有一天，两人之间发生了一件不太愉快的事。

那天，泽子在图书馆上自习，学习了一上午之后，泽子收获不少，但同时也发现了自己还有许多没有弄懂的地方。于是泽子就去找成绩比自己好的涵子请教这些问题。

可不巧的是，涵子当时正忙着哩，没有时间给泽子讲解这些问题。于是，泽子就跟涵子约好了晚饭后7时在涵子家附近的书店碰面，在那里向涵子请教这些问题。涵子当时欣然同意了。

可是到了晚上7时后，只有泽子一个人出现在了书店门口。泽子等了半个小时没等到涵子，于是便气愤地走了。

第二天在学校，泽子问涵子昨晚是怎么一回事。涵子回答说："哦，我昨天回家都已经7时10分了，我想你应该走了，所以我就没去了。"听到这样的话，泽子气得直跺脚。"我昨天可是等到了7时30分！"泽子说，"你听说过曾子杀猪的故事吗？这个故事讲的是曾子的夫人到集市上去赶集,她的孩子哭着也要跟着去。她就对他说:'你先在家待着,待会儿我回来杀猪给你吃。'曾子的夫人从集市上刚一回来,就看见曾子要捉小猪去杀。她就劝止说:'我只不过是跟孩子开玩笑罢了。'曾子说:'夫人,这可不能开玩笑啊!小孩子没有思考和判断能力,要向父母亲学习。你现在撒谎,他以后就会跟着撒谎的。'于是曾子把猪杀了给孩子吃。这个故事告诉我们做人一定要说到做到,不论你遇到了什么困难,答应了别人的事就一定要努力去做到,否则你就会失信,就会在他人心中产生极坏的影响。你明白了吗?"

听完泽子的话,涵子觉得非常惭愧。他反思到自己确实做得很不对,自己明明答应了要去讲题的,结果却害泽子白等了30分钟。所以他决心改掉这个坏毛病,并在以后养成说到做到的习惯,决定不因为任何的小困难、小诱惑就丢掉自己的诺言。

知识链接

曾子(前505—前432),姓曾,名参,字子舆。他勤奋好学,得到孔子的真传。他积极推行儒家主张,对孔子的儒学思想既有继承,又有发展,后世儒家尊他为"宗圣"。

小实践

如果你是涵子,你在晚上7时10分会怎么做?曾子杀猪的故事给你怎样的启发?

勇 敢 者

知识点 犯了错误后勇敢地承认错误，你往往会受到他人的尊重。

这天阳光明媚，木木、林林和欣欣结伴骑自行车去游玩。三个小伙伴一路上说说笑笑、兴高采烈，好像小鸟一样欢快。

突然，木木不小心撞到街边的护栏，跌了一跤。

"哎哟，哎哟，我的脚好痛啊！"木木痛苦地呻吟着。

欣欣和林林见状赶紧停下来，扶起木木，发现他的膝盖已经跌破，流了许多血，而且伤口上还有许多尘土。于是，欣欣和林林利用在学校学到的急救知识对木木的伤口进行了简单的处理，然后马上打电话叫救护车。

"你现在伤得挺重的，一定要去医院做进一步检查。否则一旦伤口感染，那就麻烦了。"欣欣关切地说，"我们的郊游就此取消吧，以后有时间再说。"

"真是对不起啊！我就这样破坏了我们的游玩计划。"木木惭愧地说道。

"没事的，木木，身体才是最重要的。"林林安慰他说。

"那个护栏让我撞坏了，得花好多钱赔，这该怎么办啊？"木木焦急地说道。

"你先别想那么多，先治好伤再说。"欣欣和林林说道。这时，救护车来了，林林扶着木木上了救护车，朝医院奔去，留下欣欣解决护栏的问题。

欣欣找到街道办事处，向他们解释，是自己不小心撞坏了栏杆，愿意接受处罚。

街道办的工作人员见他小小年纪就这么勇敢地来承认错误，就从轻处罚了。

就这样，事情告一段落。但是木木觉得就这么让好朋友为自己背黑锅，是一个懦夫的表现。于是当伤势好了之后，他找到了街道办事处，跟他们解释了整个事情的经过及缘由。

听了木木的解释，工作人员尽管还是没搞清楚到底是谁撞坏了护栏，但是都为木木和欣欣的勇气和诚实所打动。

回到学校之后，木木跟欣欣说了自己去承认错误的事情，这让欣欣热泪盈眶。

再后来，三个小伙伴彼此之间的真诚，使他们之间的友谊变得更加坚固了。

知识链接

> 诚实是力量的一种象征，它显示着一个人的高度自重和内心的安全感与尊严感。
> ——艾琳·卡瑟

小实践 在这个小故事中，三个小伙伴的言行还表现出了哪些可嘉的品质呢？

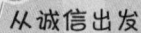

作文风波

 诚信是立身之本，不诚实的人心中无法坦然，而坚守诚信的人身上会散发出明亮的光辉。

小俊忐忑地站在讲台上，他心里非常不情愿，可是老师还是坚持让他到讲台上来读他的作文。今天刚上语文课时，老师就在全班同学面前表扬了他，说他上次的作文写得非常用心，文字很优美，寓意也很深刻，所以请他到讲台上来将它的作文读给全班同学听，作为范文让同学们欣赏。

小俊诧异极了，他没想到老师会让他这样做，可是不愿意也不行啊。于是，在老师的再三坚持下，小俊拿着作文本上了讲台，可他心里却有点隐隐的担心，这是为什么呢？原来这篇作文并不是小俊写的，上周他正忙着和表弟玩呢，哪儿还有心情去认真完成作业！所以在要交作文之前，他才匆匆忙忙地从一本作文书上随便抄了一篇主题相同的交上去应付了事。谁知老师现在竟会让他把作文读给全班同学听，小俊此时已经是骑虎难下了，只好硬着头皮开始读自己的作文。

开始还很顺利，可是让小俊没想到的是，念着念着他就发现作文里居然出现了一个自己不认识的词，自己在作业本上胡乱地抄道："这就是鹬蚌相争，渔翁得利的道理啊！"念到这儿时，小俊傻眼了，"鹬蚌"这两个字自己从来没学过呀！自己当时是直接从作文书上一字一句誊抄下来的，完全没注意过它的内容。

可是，这时候再查字典也来不及了，还得把作文读完呀！于是，小俊只能够看着这两个字的字形，联想到他学过的字，吞吞吐吐、小声地读出了"橘丰相争"。可小俊没料到，此话一出，全班都哄笑了起来，连老师也笑了。此情此景之下，小俊尴尬极了，他站在讲台上不知如何是好，脸都红到了脖子根。

这时，老师说话了，他问小俊知不知道这个词是什么意思，小俊只得红着脸摇了摇头。于是老师把"鹬蚌相争"的故事讲给了大家听，小俊这才恍然大悟，原来自己把读音读错了，这才成了大家的笑料呀！让大家知道了自己是个不诚实的人，这多难为情啊！

这时，他知道自己抄作文的事已经暴露了，于是自觉地向大家坦白道："对不起，这篇作文是我从作文书上抄来的。我以后再也不敢了。"

经过这次作文风波之后，小俊后来真的再也不敢撒谎了，说谎之后的滋味可真不好受呀！

知识链接

> 帮人要帮心，帮心要知心，知心要诚心。

小实践 撒了谎之后心里会好受吗？有没有不会被拆穿的谎言？

守时最重要

当你对他人做出许诺之后,你就要尽量地去履行诺言,千万不要食言。

洋洋和平平是一对好朋友。两个人将来都想当一名记者,常常在学习生活中互帮互助。后来,两个人还报名加入了学校记者站,成了学生记者,在学校里也是小有名气。

这天,他们接到一个任务:采访一位退休老教师。于是,两个人约好中午12时30分在教学楼门口碰面,然后一起去拜访那位退休老教师。

中午下课之后,洋洋突然收到通知,说他有一个包裹送到学校了,让他马上去领。没办法,他只得赶快跑到校门口去领包裹。领到包裹之后,他看看时间,刚刚12时10分。于是,他便走到食堂去吃饭。

吃过饭,洋洋又开始忙其他的事情了,忙完看看表,已经12时40分了。洋洋有点担心,自己已经迟到十分钟了。他的脑海中不由得浮现出一个画面:焦急的平平在教学楼门口一个人来回地踱步,四处张望着寻找自己的身影,心里不住地默念:"洋洋,你在哪里?"

想到这里,洋洋感到有些愧疚,他不敢再往下想了。于是,他立刻跑出教室,迅速跑下楼梯,不出一分钟,他就跑到了教学楼门口。

看到洋洋终于来了,平平抱怨道:"你到哪里去了?迟到了这么长时间,我们就要来不及了。"

洋洋非常愧疚地对平平道歉说:"对不起,平平。我不是故意的,刚才有点事,而我算错了时间,所以来晚了。"

"没事,下次准时就好。许下的承诺千万不能食言,因为你一旦食言,不但误事,还很容易失去别人的信任。"平平告诫他说。

听着平平的话,洋洋点了点头,他将这句话记在了自己心里,时刻提醒自己要言而有信。

知识链接

普利策奖是1917年根据美国报业巨头约瑟夫·普利策的遗愿设立的,20世纪七八十年代已发展成为美国新闻界的一项最高荣誉奖。现在,其已成为新闻界的诺贝尔奖。

小实践 与同学们一起演一出话剧,主题为"言而有信"。

一诺千金

 "一诺千金"绝不是简简单单地说说而已，它要求你尽全力去做到。

小兵是一个很诚实的好孩子，大家都很喜欢与他相处、交往。不过，有时候他也会犯错。

有一天，小兵让小民帮他将数学书从教室带到图书馆，并与小民约定在图书馆门口相见。小民很快在小兵的座位上找到数学书并向图书馆走去。

本来再等五分钟，小民就可以来了。偏偏不巧的是，小兵这时遇到了语文老师。语文老师对小兵说他这次的语文成绩不是很好，让小兵跟着他去办公室说明情况。

没办法，小兵立即跟着老师去了办公室，完全忘了自己要等小民送书这件事。

五分钟后，小民来到了图书馆，可是没见到小兵。小民以为小兵去上厕所了，于是就在图书馆门口等着小兵，可是等了许久，也没等来小兵。小民感到很奇怪，就在附近走来走去寻找小兵。

又过了许久，小兵依然没出现。如果换了别人，他可能就离开了，可小民却不是这样，因为他认为自己既然答应了，就应该一直等下去。小兵很有可能突然有其他什么事情，一定不是故意的。更何况，小兵还等着要用这本书呢！

又过了一会儿，小星走了过来，看到小民在图书馆门口站着，就问他："你在这里干什么？"

小民回答说："我在等小兵，他本来让我给他送数学书，可是我来了之后到现在还没见到他。"

听到这里，小星吃惊地说："天啊，你竟然一直在这里等着。难道你不知道吗？小兵被语文老师叫走了。"

"哦，原来是这样啊！"小民恍然大悟道。

小民回到教室后，小兵也回来了。小兵很不好意思地说："真是对不起，小民。语文老师和我说我这次考得很不好，我一下就懵了，于是就把你送书这件事给忘了。"

"没事，你又不是故意的。不管怎么说，我都要信守诺言，这样我才能在以后的学习生活中取得大家的信任啊！"

"对啊，'一诺千金'可不是说说而已。"小兵笑着说。

知识链接

> 内不欺己，外不欺人。
>
> ——弘一法师

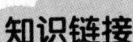 **小 实 践**　在学校里与同学们一同做一个活动：大家一起来收集更多的类似故事，然后宣扬其中的诚信美德。

秋 游

 信守承诺是一种美德，对别人的守信也是对自己的尊重。

一个晴朗的星期天，同学们手挽着手，说说笑笑着走在秋游的路上。郊外的树木已经开始落叶，杨老师带着同学们来游玩，一起感受大自然的奇妙与美丽。走在林间小道上，同学们心中惬意极了。

一路上小海和小勇这对好朋友最活跃了，他们一会儿去捉树上的昆虫，一会儿捡起两根树枝嬉闹。

不久，同学们就来到了一片草地坐下来休息。这时，杨老师对大家说："同学们休息一会儿之后，就可以在这附近走走，但记住要注意安全，并且4时之前必须回到这里集合，好不好？"听老师这样说，小海和小勇忙答应下来，走向远处玩去了。

他们顺着一条小路边走边打闹，不一会儿，听到不远处有溪水轻灵的响声，再朝前走两步，终于看到一条清澈的小溪在缓缓流淌。溪水里还有几片落叶漂浮在上面，美极了。小海和小勇被眼前的景象迷住了，跳进水浅的地方开始寻找那些漂亮的石头。正玩着，小海突然发现有一只虾在脚旁跳跃，便小心翼翼地对着它一捧，将小虾捧进了掌心，好玩极了。于是，小勇也兴致勃勃地捉起虾来。

一转眼就4时了，同学们都陆陆续续回来了。大家排好队等待老师点名，这时杨老师发现少了小海和小勇。现在已经过了4时，他们两个是怎么回事？杨老师想着，心中有点担心，于是让同学们坐下来，等着他们回来以后一起走。可是小海和小勇仍然沉浸在自己的快乐之中，完全忘记了集合的事。

太阳就要落山了，还不见他们两个回来，大家开始担心起来。这时，小海和小勇玩累了，正坐在溪水边休息，小海突然想起4时集合的事，一看表，都已经4时30分了！他们两个这才连忙飞奔到集合的那片草地。看到他们两个终于回来了，杨老师终于松了一口气，同学们都七嘴八舌地责备他们两个不守时，害得大家焦虑地等了那么久。

想到因为自己，大家都不能按时回家，小海和小勇的心情也沉重起来。

知识链接

秋游：近人康有为所拟历法，以春分为元朔，由春分而夏至，再到秋分、冬至，分一年为四游。秋游为其中之一。康有为《大同书》乙部第四章："自秋分至冬至之时地更上游，名之曰秋游。"

小 实 践 小海和小勇的不守信让大家怎么评价他们？大家以后还会相信他们吗？

我 能 行

 许下承诺之前一定要考虑清楚自己是否有能力实现它。

"'红旗杯'黑板报比赛开始啦!"一进校门,小亮就看到了这句引人注目的标语。

小亮回到教室后,班主任就把小亮叫到办公室,对他说:"小亮,全校要举行黑板报比赛,你是班长,我把这件事交给你啦!你可要好好地做,为我们班争光啊!"听老师这样说,小亮忙答道:"好的,老师您就把这件事放心交给我吧!"

接到了任务的小亮回到教室,便问同学们谁愿意为班集体贡献自己的力量。他很快就选出了几个人,然后进行分工合作。负责黑板报中间图画的是自告奋勇的小光。小亮对小光说:"小光,这可是最重要的板块,你可要认真地做。"小光满口答应下来,说道:"放心吧,我能行!这件事就包在我身上了!"

很快,黑板报的

绘制工作就开始了，每个人都忙着查资料、描摹图画，只有小光不慌不忙，他想：比赛还早着呢，我一定可以按时弄完的！于是，他便把这件事搁在了一边。

时间过得很快，离比赛只有三天了，黑板报上的其他内容都已经弄得差不多了，只有小光负责的图画还一点儿没动。这时，班长小亮有些担心了，于是，他便找到小光，问他是否

准备好了，能不能按时完成。小光心里也有些着急，但嘴上还是答应下来。

接下来的两天里，小光急忙查资料，又在黑板上描大小、画格子。明天就是比赛的日子了，黑板上仍然只有一些模糊的痕迹。这时的小光急得就像热锅上的蚂蚁——团团转。他画线条，可总也画不出流畅的弧度；配色彩，也没有合适的搭配。小光手忙脚乱，心里越急越画不出自己想要的效果。

看到这种情况，小亮也很着急，自己当初可是信誓旦旦地答应了老师做好这件事，现在黑板报最重要的部分都还没有完成，马上就要比赛了，这可怎么办呀？

下午快放学的时候，小亮见那幅画还只有一个大概的造型，只好请其他几个同学留下来帮助小光完成。在同学们的共同努力下，几个

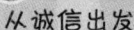

小时以后黑板报终于全面完工了。

这时所有同学都精疲力竭。看到大家为了帮助自己而累成这样,小光心中可难受了。自己答应下来的事情却无法完成,这难道不是不守信的表现吗?

还好,最后黑板报顺利地通过了检查,并且获得了二等奖。小亮和小光也都松了一口气。小光不由得感叹:"以后不能保证完成的承诺可一定不要轻易做出了!"

知识链接

黑板报是报纸的另一种形式。黑板报是第二课堂的一种很好的活动形式。和手抄报一样,黑板报也是一种群众性的宣传工具,常见于学校等公共场所。

小实践 许诺之前应该考虑些什么?如果你许下的诺言无法实现,你会怎么做?

第4章

真诚待人

小汽船

 诚信不是靠说出来的，而是要做到言行一致，用实际行动来证明自己是讲信用的人。

暑假过了一半时，娜娜的表哥小奥终于要从外地到她家里做客了，为此娜娜已经兴奋很久了。

娜娜最早知道暑假小奥表哥要来家里做客还是在期末考试前一个月的时候。一听说小奥表哥要来，娜娜就非常高兴，因为她每次和小奥表哥一起玩都很开心。为此，娜娜还积极准备期末考试，想以一个好成绩来迎接远道而来的表哥。

这天，小奥表哥的玩具汽船先邮递过来了。收到包裹的娜娜疑惑地看着这个包裹，问妈妈这是谁的。妈妈说这是小奥表哥专门带过来和娜娜玩的，因为不方便携带，所以就直接邮寄了过来。听说这是表哥特意寄过来玩的，娜娜很高兴，等妈妈一走，娜娜就拆开了包裹。

一看到漂亮的汽船，娜娜迫不及待地就拿着去玩了。可是，刚一放进水里，汽船就出故障了，小烟囱给烧坏了。

娜娜很害怕，这可是小奥表哥特意寄过来的啊，就这么被自己给弄坏了。

于是，娜娜决定撒谎，她想欺骗表哥说她打开包裹时，就发现汽船已经坏了。就这样，娜娜怀着内疚和忐忑的心情等待着小奥表哥的到来。

第二天，小奥表哥终于到了。

一看到小奥表哥，娜娜就兴奋地上前抱住他，完全将自己弄坏汽船的事抛在了脑后。

好久不见的表兄妹俩似乎有说不完的话，俩人聊得可起劲了，而家长们看着小孩子相处得这么融洽，也非常开心。

不过，小奥表哥很快就问汽船到了没有。听到小奥表哥这么问，娜娜心虚了，没了刚才的活力。娜娜装作无辜的样子。回答说："哦，汽船到了，可是，也许是由于邮寄时没包装好，汽船坏了。"

"哦，是吗？"小奥表哥疑惑地说，"我们找隔壁的张叔叔修，他以前就帮我修过，修好了咱俩就可以一起玩了。"

听到小奥表哥的这番话，娜娜羞愧地低下了头。

娜娜向小奥表哥坦白这是自己已经先玩过才造成的。她说自己本想维护乖巧的形象，没想到会做出这样不诚实的行为来。

看着内疚的娜娜，表哥安慰道："没事，只要你明白了诚实守信的道理就好。走，咱们去找张叔叔。"

娜娜微笑着跟着表哥去找张叔叔。

知识链接

人际关系中最重要的莫过于真诚，而且要发自内心的真诚。真诚在社会上是无往不利的一把剑，走到哪里都应该带着它。

——三毛

诚实的人从不为自己的诚实而后悔。

——托·富勒

小实践

像娜娜这样的行为，你曾经有过吗？如果有过，你又是怎么做的呢？你是否也明白了要诚信面对他人呢？

捉 迷 藏

知识点 承诺的分量是很重的，一旦许下诺言就要尽自己最大的努力去实现它。不要让你的诺言变得一文不值。

今天是周末，中午刚吃完饭，阿星被一群小伙伴叫下来，说一起到公园去玩儿，阿星本来就在家待得无聊，自然高兴极了。就这样，一群小伙伴兴高采烈地来到了附近的公园，他们见附近有许多灌木丛和高大的树木，便决定要玩捉迷藏的游戏。

几个小伙伴说好，要找的那个人必须要把所有的小朋友找出来之后，才能算游戏结束。他们约定好之后，游戏就正式开始了，由琳琳负责找出他们。几分钟的时间，大家东躲西藏，立刻就不见了踪影。

阿星跑到公园中一个隐蔽的灌木丛后面，蹲着等待被琳琳发现。他开始还异常紧张，怕自己一下子就被发现。很快，半个钟头过去了，阿星无聊极了，他开始觉得心情烦躁，不想再在这炎热的夏季遭受折磨了。他想，如果自己能够回家里吃一根冰棍，那该多好啊！

慢慢地，这种想法在阿星的脑海里越来越强烈。他想，反正琳琳一时半会儿找不到自己，干脆自己先回家休息一下，吃根冰棍再出来接着玩游戏。终于，阿星悄悄地站起来，他见附近一个人也没有，便从公园的另一个小门出去，回家了。

回家之后，阿星自然舒服了，他躺在椅子上看着电视吃着冰棍，在舒适中忘记了时间，再也没有想起他和几个小伙伴一起在公园玩捉迷藏的事。没想到，几个小时过去了，到了吃饭的时间，琳琳终于把大家都找出来了，可是，却怎么也找不到阿星。

于是，大家都帮忙一起开始在公园里搜寻阿星的身影，但它们找遍了公园的每一个角落都找不到他。大家着急了，心想阿星到底哪里去了呢，不会出了什么事吧。每个人都很担心阿星，他们在公园里大声叫着阿星的名字，却一点回应也没有。

天色渐晚，终于有人提出会不会是阿星没有和别人打招呼就提前回家了。于是大家匆匆忙忙地跑到阿星家里，见到阿星正悠闲地坐着玩游戏呢！这时，大家又累又饿，没想到阿星居然一声不吭就回到了家中，也不通知他们一声，害得他们多着急啊！

于是大家开始七嘴八舌地责怪阿星。阿星这时才想起大家约定好要把人全部找到了才算游戏结束。面对大家的指责，他羞愧极了，向大家保证道："以后我再也不这样了，我一定会做一个遵守约定的人，你们原谅我好吗？"

听到这话，所有人的脸上重新露出了笑容。

知识链接

心与心之间，诚信是桥梁。人与人之间，诚信是原则。

小 实 践 如果你遇到了阿星的情况，你认为怎样处理才是最妥当的呢？

哪条路更长

 人生的道路上没有捷径，但诚信之路会更加光明和坦荡。

一年一度的定向越野比赛又要开始了。小华和小旭都积极地报名参赛。同时，俩人互下了战书，看今年谁能拿到冠军。

终于，到了比赛的日子，他俩都以最佳的精神状态站在了起跑线上。

然而，这次比赛可不像以前那么简单了，也许因为这是小学最后一次比赛吧，所以组委会加大了难度。

小华和小旭都走得又累又渴，两人都有些想要放弃了，但是一想到战书，他俩就丝毫不敢懈怠，重新打起精神继续前行。

他们又走了很久，实力相当的两人几乎并驾齐驱，把其他竞争对手远远地甩在了身后。

他们都发现这时自己的面前出现了两条路：一条的入口处有一个牌子，上面写着"医疗专用，请勿走此路"；另外一条的入口处也有个牌子，上写"比赛专用"。

小华和小旭看着这两条路，都在心里起了嘀咕："怎么会出现这种情况啊？以前都没有遇见过啊。"由于两人走的是不同的两条路，现在他们做任何选择都不会有人知道，也就是说现在他们要诈没有人会知道。

看着这两条路，俩人都犯难了。如果走医疗专用通道，自己一定会很快到达终点，赢得比赛。可是这么做的话，就损害了比赛的公正性，自己这就是耍诈，是不诚实的行为。

经过一番纠结之后，坚守诚信的小华决定用实力说话，绝不用耍诈欺骗等不光彩的手段来赢得比赛。于是，小华依然地走向了那条标有"比赛专用"的小路。

可是另外一边，小旭就没有这么诚实了，他纠结了一番之后，还是选择了走医疗专用通道。可能是因为他太想赢小华了吧，所以，他大脑发热，一时糊涂就选择了用欺骗的手段。

结果，在奔向终点的过程中，小华感觉路越来越好走，而且感觉距离缩短了，自己比预想中快了许多就到达了终点。而小旭却无奈地发现路越来越难走，走到终点花的时间比预想的要多了许多。当小旭到了终点时，小华早已到了。

到了终点之后，小旭和小华礼貌握了握手，小旭问小华是否遇上两条路，一条是医疗专用，另一条是比赛专用，小华回答说是的。

这下，小旭明白了。原来，这是组委会故意安排的，目的不仅测验参赛者的比赛实力，更重要的是看大家是否诚实守信。而自己，不仅输了比赛，而且还输了诚信。对此，小旭后悔不已！

可见，在岔路口选择诚实守信，这是多么重要！人生的道路上没有捷径，但唯有选择诚信之路，我们在行走的过程中内心才会充满坦荡。

知识链接

君子一言——驷马难追。
李鬼劫路——欺世盗名。
挂羊头卖狗肉——里外不一。
刘备借荆州——有借无还。

小实践 如果你站在那个岔路口，你会怎样选择？你愿意走那条看上去更崎岖的诚信之路吗？

阿姨开店

 诚实守信的人一定会获得回报，诚信的力量是巨大的。

花花每天上学、放学都要经过王阿姨的小卖部，最近她发现王阿姨的小卖部生意越来越不好了。而刚开张时，王阿姨店里的生意非常红火，因为她的店面积大、装修豪华、商品的种类多。

那为什么现在生意不好了呢？原来是因为王阿姨店里的东西质量越来越不好了。一次，李叔叔在王阿姨的店里买了一根火腿肠回去炒饭，可全家人那天晚上吃了炒饭都觉得肚子不舒服，找来包装一看，只见那根火腿肠已经过期半年了。遇到这种情况，李叔叔生气极了。他想，王阿姨的店生意那么好，居然还卖这种过期食品给大家，太对不住大家对她的信任了，于是李叔叔就把这件事告诉了身边的邻居。这样，大家就都对王阿姨的小店心存芥蒂了。

知道了这个情况后，花花就找到王阿姨给她说明情况。正愁着生意越来越糟糕的王阿姨听了花花反映的情况后，仔细想了想，觉得有道理。

后来，王阿姨对店里的商品严格把关，来店里的顾客也渐渐地变多了。对此，王阿姨觉得要好好感谢花花。于是，她找到花花感谢她："花花，真是谢谢你了。要不是你，我可能都还没有发现问题。说起来也真是惭愧啊,我是你的长辈,却没有做到诚实守信。"

花花笑着回答说:"没什么,这是我应该做的。我每天从您的店前经过,自然会发现人越来越少。于是我就问大家为何不来您的小卖部买东西了,他们就告诉我了。后来我就和同学们商量了一下,决定告诉你是什么问题。我们还讨论了一下怎样告诉你最好哩!"

听了花花的回答,王阿姨微笑着说:"花花,你真是太可爱了,不仅诚实守信,善于观察,而且还这么有礼貌。来,阿姨奖励你好吃的。"

花花谢绝了王阿姨。

王阿姨很感动:"花花,你以后要以王阿姨为教训哟,不管做什么都要坚守诚实守信的原则。看看王阿姨,之前做生意没有讲诚信,终于吃到了苦头,而现在重拾诚信之后,丰厚的回报就降临在了我的身上。"

花花听话地点点头。回到学校后,花花将王阿姨的改变及她嘱咐自己的话转达给了同学们听,同学们听后都表示受益匪浅。大家都表示诚实守信太重要了,因为只有你诚信了,别人才会信任你,和你打交道。最后,大家商量着决定召开一次班会,加强诚信教育,以提醒同学们时刻注意将诚实守信四个字牢牢记在心上。

知识链接

> 我宁愿以诚挚获得一百名敌人的攻击,也不愿以伪善获得十个朋友的赞扬。
>
> ——裴多菲

小实践 和同学们商量着举办一次班会宣扬诚信教育,让大家都深深理解诚实守信的重要性。

诚实才是好礼物

朋友之间不应该说谎话，应该坦诚相待。只有对彼此诚实的人才会成为真正的朋友！

莉莉在家里东翻西找，却没有找到一件可以作为礼物送出去的东西，今天是小青的生日，送她什么好呢？自己的零花钱早就花光了，这可怎么办呀？

突然，莉莉的脑海中灵光一闪，她想起上次自己生日的时候小姨送给自己的一只毛茸茸的玩具狗。那只毛绒玩具狗外面用一个礼物袋装着，自己都还没打开过，要不就直接送给小青吧！莉莉想到这个办法之后，立即开始找那只玩具狗。终于，她在柜子里把它找了出来，

它看起来还很干净、很可爱，莉莉满意极了。她想，就这样转送给小青，告诉她这是自己新买的，她也绝不会看出破绽来！

于是，莉莉终于解决了自己的烦恼。她们约好的时间就要到了，几个很要好的朋友牵着手到小青家去参加她的生日派对。她们到了之后，小青热情地招待她们，大家纷纷拿出了自己的礼物。

莉莉也将自己的玩具狗拿给小青，对她说："小青，这可是我今天特意从百货商店给你买回来的！我在那里挑选了很久，这是那里最可爱的一只玩具狗了，希望你能够喜欢！"听了这话，小青高兴极了。她连声道谢，并将玩具狗外面的包装袋拆开，那只可爱的玩具狗在小青的手里显得乖巧极了。

突然，小青惊喜地发现那只玩具狗的嘴居然是可以张开的。小青把玩具狗的嘴掰开一看，咦，里面居然有一张小纸条！小青高兴极了，她想，这一定是莉莉给自己的惊喜，上面一定写着生日祝福吧！

可是，让她万万没有想到的是，那张纸条上居然写着："祝可爱的小莉莉生日快乐，越长越可爱！ 小姨。"小青没想到莉莉居然会将别人送她的东西送给自己，而且还撒谎说是自己今天去买的！她伤心地将那张纸条丢到莉莉的身上，莉莉连忙捡起来一看，才知道自己的谎言暴露了。她心里又羞又急，只好赶快对小青说明了真实的情况。

莉莉把一切都一五一十地说了之后，小青也不再像刚才那么生气了，她对莉莉说道："莉莉，我并不是因为你送我一个旧的礼物而责怪你，而是因为你因此而骗了我。我们是好朋友，不应该为了这种小事撒谎，你说对吗？而且俗话说'礼轻情意重'，所以，就算你送我的只是一个小东西，只要那代表了你的心意，我就会收到你的祝福，感到非常开心的！"

听完小青这番真情吐露，莉莉被深深地感动了。她对小青说道："小青你真好，我以后一定不会再撒谎了，我会好好珍惜你这个朋友的！"

两个好朋友在互相坦诚之后便拥抱在了一起。然后大家开始唱起了生日祝福歌，在一片坦诚的温情脉脉之中开心地笑了。

知识链接

> 诚信是火，点燃希望的虹；
> 诚信是虹，照亮生命的河；
> 诚信是河，汇就思想的海；
> 诚信是海，高扬奋斗的波。
> ——《诚信之歌》

小实践 如果你交到了好朋友，你应该怎样对待他呢？想一想诚信在交往中的作用吧！

食堂风波

> **知识点** 我们不论遇到什么事,都应该以诚信的态度与方式去应对。

小峰和小凌是一对好朋友,平时形影不离,不管去哪儿,总是走在一块儿。

下了课之后,俩人像往常一样来到食堂吃饭。不过,今天小峰刚走进食堂大门时,忽然想起自己的书落在了操场上。

原来刚刚在体育课上,小峰玩得十分开心,以至于到了下课的时候都还十分兴奋。

小峰对小凌说:"小凌,你先帮我留个座,我去操场上把书拿回来。你稍等一下,我很快就回来。"

"好的,你快去快回啊。"小凌说道。

小峰点了点头,立刻向操场跑去。

小凌打完饭之后,竟发现空座位已经所剩无几了,好不容易找到一个空座并迅速地坐了下来,可他发现四周已经没有空座了。

这下,小凌着急了,他慌张地四处张望,突然,他看到旁边的同学起身离开,并放了一本书在座位上。原来,那位同学是要去打一份菜,所以就将书放在那里占着位子。

情急之中,小凌将那位同学的书扔到一边,用自己的东西把那个

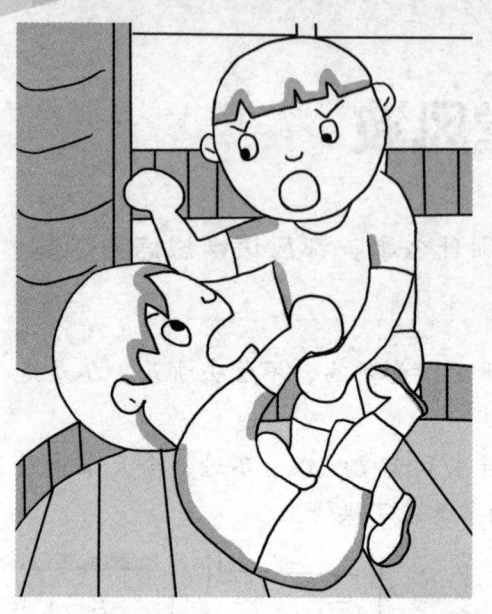

座位给占了。

很快,那位同学回来了,看到眼前的情形,非常生气。于是,他愤怒地斥责小凌的无礼行为。不服气的小凌站起来与他争辩。最后,两人居然打了起来。

恰巧此时,小峰回来了,急忙上前拉住小凌。

起初,小凌还是不肯相让,经过小峰和其他人的劝解,小凌才开始低下头。

小凌惭愧地说出了事情的经过及原委,听完后小峰说:"小凌,要知道不管遇到什么事,你都应该诚实、谦虚,不能强词夺理啊!"

小凌会心地点了点头,承诺以后决不再犯,并且真诚地向那位同学道了歉。

一场风波就此平息。

知识链接

诚信是道路,随着开拓者的脚步延伸;诚信是智慧,随着博学者的求索积累;诚信是成功,随着奋进者的拼搏临近;诚信是财富的种子,只要你诚心种下,你就能找到打开金库的钥匙。

小实践 试着在你学校的食堂里开展一个活动,宣传禁止占座。

不能说的秘密

> **知识点** 答应别人不把事说出去就一定要守口如瓶,这样才会赢得他人的信赖与尊重。

小华是班上公认的最诚实守信,又乐于助人的好班长,因而深受同学们的喜爱。平时大家有什么烦恼总是愿意向他倾诉,并寻求他的建议。

有一天,小震找到小华,对他说:"小华,我有点事想要请教你一下,不知道你是否有空?"

"好的,没问题。"小华爽快地答应了小震。

于是,两人找了个地方坐下。刚坐下,小震就焦急地对小华说:"是这样的,前不久我犯了一个大错误,但那是我一不小心才犯的。我现在想要努力弥补,可是又怕太晚了,所以想让你帮我出出主意。"

"你先别急,有事慢慢说。"小华安慰他说。

小震深呼吸了一口气,慢慢地放松了。然后,他就开始一五一十地对小华诉说事情的详细经过,尽管他有些紧张,但他还是把事情的经过完整地对小华说了。小华也听得非常认真。

听完了小震的话,小华用手托着腮帮子,认真地分析着他刚刚所讲的内容,并仔细地思考着解决方案。

不一会儿,小华开始分析事情的前因后果,并提出了他的建议。

听完小华的建议，小震会心地点了点头，对着小华微笑着说："谢谢你花时间陪我聊了这么多，而且给了我这么多好的建议。听了你的分析之后，我想我已经明白该怎么做了，我会尽我最大的努力去弥补这个过错的。"

"但是还是请你不要将这件事情说出去。"小震补充道。

"好的。"小华回答道。

第二天上课的时候，老师对全班同学宣布了一件事情："有一位同学不小心犯了一个错误，他经过一番思想斗争之后，已经在昨天勇敢地承认了。本来老师是想要赞赏其诚实的精神的，但是由于这位同学的坚持，因此我最后还是决定不说出他的名字，但还是希望大家能够像这位同学一样学会诚实守信。"

下课后，大家都在议论那位同学是谁。好几位同学找到小华问，小华始终守口如瓶。

一段时间之后，小震找到小华说："谢谢你帮我保守秘密。"

"没什么，这是我应该做的！"小华回答。

从此，小震更加信任小华了。

知识链接

抱诚守真：志在真诚，恪守不违。

小实践

规范自己的言行，学会守口如瓶，不要变成一个大嘴巴。

"诚实"小姐

 经常撒谎的人是不会到受人喜欢的。

清清是一个身材高挑的女孩,天生有一双水灵灵的大眼睛,几乎所有人看到她都夸她漂亮。

不过,清清有一个很不好的毛病,那就是经常不遵守承诺,说话不算数。

老师和同学们都对清清提出过意见甚至批评过她,让她改正。可是,清清却不以为意,依旧我行我素,完全不理会他人的意见。

星期一下午,小梦突然有急事,要赶去学校图书馆,就请清清一会儿上课的时候将自己的课本带到教室里去。

清清当时答应得很干脆,而且显得很有诚意。不过没一会儿,她就将刚才小梦的话抛到九霄云外去了。

很快,上课预备铃响了。大家收拾好自己的学习用品,赶着到教室去上课。清清也迅速地整理着自己的学习用品。

很快,收拾好东西的清清就到教室了,并打开课本,认真地浏览了一遍一会儿上课时老师要讲的内容。

过了一两分钟,小梦也到了教室,她马上就去找清清拿书。正在认真看书的清清望着小梦,竟然不慌不忙地说了一句:"对不起,我给忘了。"

听到这句话,小梦开始着急起来,因为这节课老师要在书上画重点,没有书可是不行的,而现在又没有时间再回去拿书了。

小梦非常生气,不由得开始责备清清。

可是清清完全不把这当作一回事,这更是气坏了小梦。小梦越想越气,真是恨不得抽清清两个耳光,于是俩人吵了起来。

一旁看着两人争吵的同学在了解了事情的经过之后,对清清说道:"清清,你真的不能再这么不遵守承诺了。你要明白一个道理:人们只喜欢与那些诚实守信的人打交道,没有人会愿意与那些成天说话不算数的人打交道的。你再这么下去,迟早会引起大家的不满的。"

"没事,我不在乎。"清清依然丝毫不知悔改。

此后,清清依然我行我素,不久大家便彻底对她失去信心了。后来的日子里,大家都不怎么搭理她了,都讥讽她是"诚实"小姐。

清清越来越孤独了。

知识链接

我们应该老老实实地办事。

——毛泽东

小实践 如果你是清清的同学,你可以采取什么措施帮助她?

你快乐我快乐

知识点 当我们对他人以诚相待的时候,我们往往就能与他人快乐地相处。

丁丁和林林是一对形影不离的好朋友。他们有许多共同点,常常你一句我一句聊得不亦乐乎。

这不,正要好好地向林林介绍介绍自己最喜欢的运动员的丁丁接到一个口信,说让他马上到语文办公室去。

也不知道是什么事,丁丁对林林说:"那你先在这里等我一下吧,我去去就来。估计是让我批改作业,一会儿就完了,应该还赶得上吃饭的时间。"

"嗯。"林林点了点头。

就这样,林林留在那里等丁丁,而丁丁就跑去语文办公室看看有什么事。

丁丁到了语文办公室,果然老师让他批改作业。丁丁先是舒了一口气,然后就从容地开始改作业了。

可令他没想到的是,今天的语文作业可不是那么好改的,他改了很久都没改完。眼看就快到吃饭的时间了,无奈林林又没手机,丁丁没办法通知他不用再等了。

丁丁很内疚,过了半个多小时,作业终于改完了。本来他以为林

从诚信出发

林早走了,结果令他万万没想到的是,林林竟然还没走。丁丁很惊讶地问林林怎么还没走。

林林回答道:"因为你说了让我等着你啊,瞧,你这不是来了嘛。"

听着林林的这番话,顿时,丁丁产生了一股敬佩之情。他慢吞吞地说:"林林啊,你怎么这么傻啊!"

林林笑呵呵地回答他说:"呵呵,你今天第一天认识我吗?我一直都这么傻啊。"

丁丁感叹道:"从今天开始,我是真心地敬佩你!"

"你可别这么说啊,我受不起的。"林林说,"其实我这样做,原因很简单,那就是我这么做可以让你感到快乐,而你快乐了我也就快乐了。"

丁丁微笑着给了林林一个真挚的友谊的拥抱。

知识链接

一言之美,贵于千金。

——葛 洪

小实践

组织一次班会,让大家轮流讲述有关诚实守信的故事。

是谁不靠谱

知识点 诚信不仅要求自己能够坚守承诺,还要求时刻信任他人,相信他人也会诚信以待。

小布和阿晨是一对要好的朋友。他们虽然不住在一个小区,可是常常一同上学、放学,关系很不错。最近几天,他俩觉得作为小男子汉,自己应该多锻炼。为了强身健体,他们决定从下周一开始一起去附近的一个公园里晨跑。

前一天,他们约定好了第二天早上7时在阿晨家的小区门口见面。说好之后,两个好朋友就分开了,各自回到了家中。

第二天,天刚亮,阿晨就起床洗漱穿好衣服出门了。6时55分他准时在自己家的小区门口等小布。他在那里慢慢地徘徊,一会儿原地活动活动,一会儿看看表。

五分钟过去了,已经是7时了,小布仍然没有出现。这个时候,本来就已经很不耐烦的阿晨生气了,他不想再继续等小布了。他心中想:"大家约好了7时集合,既然小布不准时出现,那自己也就不等他了。说不定他还在睡觉呢,我才不在这里傻等呢。"于是阿晨一转身,独自去了公园跑步。

过了两分钟,小布终于气喘吁吁地出现在了阿晨家的小区门口。原来他真的睡过头了,他醒过来时就已经6时50分了,所以他连忙穿好衣服,甚至没有洗漱,就赶紧跑过来与阿晨会合。他本来还准备好要跟阿晨道歉呢,谁知阿晨居然不在。

小布想,可能阿晨也像自己一样睡过头了吧,于是小布便在小区门口等待着。谁知一眨眼就7时10分了,阿晨还是没有来,这时小布

的心里有点疑惑了。他想,阿晨有可能忘了这件事,可自己又找不到他们家住在哪里。所以,他只能在门口等着,又在煎熬之中等待了十分钟,这时已经是7时20分了,远远超过了他们约好的时间。这时候小布才想可能阿晨不会来了。

于是,他也独自一人走向了公园,结果,两人在公园里很快就迎面碰上了。小布见到阿晨,非常生气,他质问阿晨道:"阿晨,你知不知道我在你们家小区门口等了你接近二十分钟,可我没想到在我苦苦等待你的时候,你已经抛下了我一人过来跑步了!你这人可真不靠谱!"

听到这话,阿晨自然不愿意被他指责,他开始反过来责备小布的不好:"我看你这人才不靠谱呢!我们早已约好是7时,可到了那时候,你却连个影子都没有。是你自己不遵守我们的约定,到了7时你不来我自然就走了,难道你还要我继续等你吗?"

听到这话,小布想到自己刚才在小区门口等了阿晨二十分钟,他却连两分钟都不愿意等自己就独自先走了。想到这儿,小布伤心极了,同时阿晨也很难过。两个原先的好朋友现在却一直在推卸责任,互相指责对方的不对。

看来,不讲信用的人真的非常不靠谱呢!

知识链接

> 孙水林兄弟俩每年都会在年前给农民工结清工钱。有一年年底,哥哥为赶在年前结清工钱,在返乡途中遭遇车祸遇难。弟弟为实现哥哥的遗愿,在大年三十前一天,将工钱送到了农民工的手中。孙水林兄弟俩因此被称为"信义兄弟"。

小 实 践 从这个故事中你体会到了什么?和大家分享一下吧!

爸爸的教训

 不诚信的行为一定会受到诚信的严厉教训。

小丁是一名六年级的小学生。他品行端正，学习成绩总是位于班级前列，并且多才多艺，网球、钢琴、跆拳道之类的他都会。可以说他就是在人群中最闪光的那一个，而这有很大一部分是因为他有一个严厉的爸爸。

爸爸平时对他要求非常严格，目的就是希望他能够成为一名全才。可想而知，小丁照现在的情况发展下去，肯定会大有作为！

在爸爸的严格管教下，小丁自然获益匪浅。

此前有一次，他因为一个不诚信的行为而受到爸爸的教训，自那以后小丁为人做事都谨记诚实守信四个字。

那是在小丁上四年级的时候。小丁在数学期末考试之前，由于没有事先准备好，因此在考试时颇有些紧张，这影响了他正常的发挥。

小丁想到拿到成绩之后，难看的分数定会招致爸爸的严厉批评。越想越害怕的小丁情急之下，竟完全忘掉了爸爸之前的教导，选择了"作弊"！

或许是因为他从来没有作过弊，他在作弊的时候显得非常紧张。当然，在紧张情况下表现出的不自然状态很快使他暴露在了老师的眼中。

老师发现他在作弊之后，立刻叫住他，把他给叫了出来。

"完了。"小丁既后悔又害怕，"这下，爸爸一定会知道的，我肯定会挨打。这可怎么办啊？"

从诚信出发

没办法,世上没有后悔药,事情已经发生了,小丁只好自认倒霉。他万分忐忑地准备着一会儿面对老师和父亲的斥责。

小丁在老师办公室里待了没多久,爸爸就来了。爸爸进来后,就与老师坐在一起了解情况,交流意见。

在详细了解了事情的经过后,爸爸看着小丁,让小丁好好解释为什么要做这样的事。小丁将自己当时的心理过程一五一十地说了出来,并保证不会再这样了。

听罢,爸爸很伤心。

爸爸说道:"我平时严加教育你,就是希望你成才。可是你这样不诚实是不可能成才的。你知道吗?就算你没考好,那你也只能承认是你自己的实力不够,这样你就应该加倍努力而绝非欺骗!这样做只是小人的行为,绝不是顶天立地的男子汉的做法,我希望你记住这个教训,诚信做事!"

听着爸爸的话,小丁羞愧地低下了头,他知道这是爸爸用心良苦的爱的教育,他真的认识到了自己行为上的问题。

每次回想这次经历,小丁都能从中学到不少,而他也总是在日后的行为中严格地约束自己。

知识链接

> 做老实人,说老实话,干老实事,就是实事求是。
> —— 邓小平

 小实践　想想自己有没有过作弊行为,有的话大胆说出来并时刻严厉要求自己不再犯。

谎言的代价

> **知识点** 说谎不是一个好习惯，而且谎言最终会让你付出代价。

数学课的上课铃响了，小鹏匆匆忙忙地从教室外跑了进来，他气喘吁吁地坐在座位上，还没坐稳呢，老师的一句话让他险些从凳子上摔下来。是什么话威力这么大呢？原来老师让同学们把上次布置的作业交上来。

听到这句话后，小鹏心一惊，因为自己完全忘记了这回事儿啊！唉，说来说去不都怪昨晚表弟来自己家吗？自己陪表弟玩了一晚上的游戏，然后就把还有数学作业的事情抛到了九霄云外。而且自己今早还起晚了，结果差一点迟到，唉，今天可真是不顺心呀！

可是，抱怨已经没有用了，眼下最要紧的是要想办法解释自己为什么没有做作业。老师很快就把其他同学的作业收齐了，然后问小鹏为什么不交作业，小鹏便红着脸支支吾吾地说道："我今早来的时候太匆忙了，所以就忘记带了。"听了这话，老师的回答让小鹏大跌眼镜："你们家离学校挺近的，你就回家去拿过来吧。我们今天上课的内容就是评讲作业！"

小鹏没办法，只能站起来向教室外走去。小鹏慢吞吞地走向学校门口。唉，自己完全没有做作业啊，回去也没办法，这该怎么办呢？小鹏这时开始后悔刚才说了谎话，让自己处于现在这个状况。

小鹏一直徘徊在校门外，终于，他决定找个地方赶快把作业写完，

然后就可以去上课了。这么想着，小鹏便又回到学校里面，走到乒乓球桌旁边，趴在桌子上开始写作业。可是，这个时候的他哪儿有什么心情写作业啊。他心不在焉地开始计算。可是，俗话说"祸不单行"，小鹏可能因为心情不好，所以没有好好地使用钢笔，结果，本来好好的钢笔尖却突然开始漏墨水，那些黑乎乎的墨水便在本子上蔓延开来。刚才辛辛苦苦写下的作业此刻都被墨水浸染了。小鹏真是郁闷不已啊，他只好继续把作业写完了。

这时，大半节课已经过去了，小鹏赶紧回到教室里，将那个被墨水浸染过的揉得皱巴巴的作业本交给了老师。

小鹏本以为这样就安然无事了，可是不然。老师见本子皱成这个样子，便翻开一看，只见布置的数学题没有几道是做对了的。于是他很生气，质问小鹏道："小鹏，你怎么做得这么差？说实话，你到底是不是昨天就完成了作业，还是今天才赶出来的？"

这时，小鹏已经身心俱疲了，他没想到一个小小的谎言会让自己遭到这样一连串的结果，只好低下头说出了实话。老师批评了他几句就继续上课了。可小鹏的心里却久久不能平静，这些不好的后果都是谎言的代价啊！自己以后再也不说谎了，只有那样才能活得坦然啊！

知识链接

电影《落叶归根》：一个承诺，成就了一段人性的伟大。

小实践

你有没有抄过作业呢？看完这个故事之后，你认为抄作业是一种怎样的行为？

国旗下

知识点 犯错之后，撒谎会使受罚加重，相反，诚实会使你应内心受到的处罚。

星期一早上，柳河小学正在举行升旗仪式。全校师生都站在操场上列队集合。

由于天气特别热，小发、小宽和小青三个人热得难受，心情也开始烦躁了。

于是，三个人从这恼人的天气开始你一句我一句地聊起来，完全忘了所处的场合。

小发用手扇着风说："真是的，现在的天气越来越热了。"

小宽接着他的话说："是啊，现在才四月份，天气就这么热了，要是到了七八月份，那还让人活吗？"

听着两人的抱怨，一向爱说大话的小青说道："你们都没有很好的意志力，我就一点也不怕热！"

小发和小宽看看他这副模样，知道他已经热得不行了，只不过嘴硬逞能而已。他们不想再理会他，于是就转过头聊其他的事情。

两人聊得很高兴，而一旁的小青虽然插不上话，却一直在一旁跟着附和、傻笑。

突然，就在三个人笑得最开心的时候，老师走过来了。

"你们三个人一会儿升旗仪式结束后，到我办公室来。"老师

从诚信出发

说道。

面对老师的"办公室邀请",三个人的心都提到嗓子眼了。很快,升旗仪式结束了,三个人来到了老师的办公室。

老师开始一个一个地询问,小发和小宽都如实地讲出了全部情况。可小青却撒谎了,坚持说自己没有说话。

后来,老师了解清楚当时的情况之后,给了小青更重的处罚,而对小发和小宽的处罚则有所减轻。

这件事在班级流传开来,大家都认识到撒谎是非常不好的,因为撒谎会使自己既得不到他人的喜欢,又受到严厉的处罚。

知识链接

诚信犹如一颗青涩的果,你咬一口,虽然很苦,却回味无穷,倘若你将它丢弃,你便会终身遗憾。

小实践 将这个故事讲给你的同学听,并与他们分享故事中的诚信道理。

西瓜皮的故事

> **知识点**　诚信就像阳光，可以消除彼此之间的误会，温暖每个人的心房。

中午1时30分，兰兰从家里出发去学校，因为2时就要开始上课了。同时，同班同学达子也从家里出发了。

走到必经的小巷时，兰兰看到了达子正走在前面，手里好像还拿着什么。

兰兰正准备上前去叫住达子。这时，一辆漂亮的小轿车从身边经过，吸引了兰兰的注意，兰兰把头扭了过去，既没注意前方的路，也没注意脚下的东西。这时，达子将刚吃完剩下的西瓜皮随手往后一扔，恰好扔在了兰兰的脚下。

就在这一瞬间，兰兰感觉脚下踩到了一块很滑的东西，还没反应过来，就已经俯身摔倒在地上了。兰兰疼得大哭起来。

达子听到兰兰的哭声，赶紧跑了过来，关心地询问兰兰伤着没。达子扶起兰兰时，看到了地上的西瓜皮，一下就明白了是自己丢的西瓜皮害得兰兰摔跤，弄伤了膝盖。兰兰虽然因为膝盖受伤而疼得要命，但是头脑很清醒，她知道是达子乱扔西瓜皮害她摔跤的。

"达子，你怎么这么不文明啊，怎么能乱扔西瓜皮呢？"兰兰责备达子说，"看你把我害的，这么疼！"

也许是第一次犯这样的错误，达子太害怕了，他竟然撒谎说道："不是，不是我扔的。我只是刚好经过而已。"

听了达子这番话，兰兰非常气愤。她生气地说道："达子，你不讲文明就算了，怎么反而睁眼说瞎话呢？如果说乱扔果皮纸屑还好劝阻

的话，那不诚实的话就很难教育你了。"

由于心里害怕，达子还是不敢承认西瓜皮是他扔的。

虽然气恼的兰兰膝盖疼得厉害，但她不愿让达子搀扶她，而是让别的同学来搀扶她。

眼见同学间的友谊就这样被自己的不诚信给破坏了，达子非常悔恨、内疚。

达子心中无比纠结，他一方面害怕承担责任，遭受同学们的轻视，另一方面又为自己的不诚信感到羞耻、懊悔。这样，一下午的课达子都没有听进去。

但是，最终经过了一下午的思想斗争，达子心中的天平还是倒向了诚信这一方。下午放学时他找到了兰兰，承认了错误，并且告诉了兰兰自己是因为太害怕了所以没敢承认，但是现在明白，不管有多大的困难和恐惧，诚信永远都是第一位的。

看着达子诚恳的态度，兰兰很高兴，因为自己讲诚信的朋友又回来了。兰兰微笑着说："对啊，诚信真好，就像一道阳光，照亮了我们的友谊。"

知识链接

达诚申信：达，表达；申，表明；信，诚实。其意为表达真诚忠贞，出处为清·曹雪芹《红楼梦》第七十八回："怡红院浊玉，谨以群花之蕊，冰鲛之縠，沁芳之泉，枫露之茗，四者虽微，聊以达诚申信。"

小实践 在生活中你遇到过这种情况吗？如果遇到过，勇敢地承认错误吧！

羽毛球比赛

知识点　生活中遇到困难不算什么，只要拥有诚实的好品质，心中就会充满温暖与勇气！

和平小学举办的秋季羽毛球比赛已经进行到了最后一天男单冠军的争夺。回顾这几天，参赛的运动员还真是为观众们奉献了多场精彩的比赛。

今天的决赛，更是精彩。

今天的比赛是同为六年级的小松和小时争夺冠军。

两人的实力非常接近，不论是谁，要想赢得比赛的最后胜利，都必须拿出最佳的状态。比赛的结果真就是看现场发挥了。

确实，比赛的进程可谓异常精彩啊。

从第一局开始，两人就多次平分，谁也没有能够将比分拉开。这似乎从一个侧面反映了俩人实力相当的事实。这种情况一直延续到了第三局后半段。

第三局打到18平时，轮到小松发球。小松将球发得很高，小时直接正手以死扣的方式将球打向小松的反手位，迅速反应过来的小松借力打力，再度将球挑得很高，小时见球再度飞高，就加压下扣。猜准了小时又会下扣的小松再度将球挑高，并且这次将球放得较远。见球飞远的小时快速移动至球场后方，用力再度加压下扣。而这次，小时非常用力，所以球速非常快，而且球飞得很远。这下，球刚好砸在了界线上。

这时，坐在场地中间裁判席上的裁判以为球出了界，便直接判罚球出界，小松领先1分。

本来,所有人都认定这1分是小松得,包括小时都是这么认为的。但是这时小松却提出了异议,小松告诉主裁判这个球是在界内的,应该是小时得分。

大家都很惊讶,小松竟然为自己的对手争取得分。由于没有慢镜头回放,因此主裁判再度询问小松是否确定这个球出界了。小松坚定地告诉主裁判自己很确定这个球在界内,因为当时自己离球最近,所以自己看得比任何人都要清楚。

这样,主裁判重新判罚这1分应该是小时得。

现场的观众都为小松的这一诚实的行为热烈鼓掌。

同样,小时也感动了,觉得小松真是一个了不起的对手,自己即便输给了他,也不会遗憾。于是,小时放下了包袱去打接下来的比赛。小松做出了这个诚实的举动后,觉得自己心中充满了温暖与动力,同样放下了包袱去打。

这样,俩人都以最佳的状态去打最后的比赛,最终,小松以26：24的比分击败小时,赢得了比赛。

之后,小时在发表自己的感想时,说:"其实输赢都没那么重要,关键是我在小松身上深深理解了诚实守信的含义。"

这句话得到了所有人的认可。

知识链接

忠信乐易：忠信,忠厚老实;乐易,欢乐平易。忠信乐易指为人忠厚老实,平易近人。

明·王守仁《教条示龙场诸生》:"忠信乐易,表里一致者,使其人资禀虽甚鲁钝,侪辈之中,有弗称慕之者乎?"

小实践 如果小松没有提出异议,后果会是怎样的?这个故事温暖了你的心吗?

第5章
置"诚"于"借"

借 伞

借了别人的东西就要好好保管、爱惜，并按时归还，这才是守信的表现。

早上出门上学的时候，小科一副心事重重的样子。今天语文课又要默写课文，自己老是不及格，真令人懊恼。他出门之后，一直担心这件事。

时值六月，不一会儿天空中就聚集起一片片乌云，豆大的雨点毫无预兆地落下来了。小科一点准备也没有，眼看下雨了，他心想：今天真是倒霉透了，什么事都能遇上！

可古人说"柳暗花明又一村"，就在这时，小科看见了前面的"阳光奶店"。

小科一家常在这里买牛奶，久而久之，卖牛奶的王阿姨与他们都认识了。每次小科上学路过时，王阿姨还常和小科打招呼呢！小科忙冲进店里，王阿姨正在打扫卫生。见小科从雨中跑来狼狈不堪的模样，王阿姨顿时明白了。她忙拿出一把伞递给小科，让他拿去用，别耽误了上学。小科忙说："谢谢王阿姨！那我一有空就给您还回来！"

王阿姨笑着点了点头，目送小科消失在雨中。

小科到教室后把湿漉漉的伞挂在窗边，就开始读书了。中午吃饭回来，小科意外地发现那把伞不见了！

小科简直不敢相信自己的眼睛，他绕着窗子找了好几遍，还是没找着。

丢伞之后，小科心里忐忑极了，王阿姨好心把伞借给他，他却把伞弄丢了，这可怎么办呀！

因为心里愧疚，下午放学以后小科就与朋友们绕了一条较远的路回家，这样就可以避免与王阿姨碰面了。

于是，接下来的几天，小科都走那条远路，没有与王阿姨碰面。一个星期过去了，王阿姨心中也正纳闷：怎么一直见不到小科的影子了呢！

这天，恰好小科家里的牛奶喝完了，爸爸妈妈便叫上小科一起去买，可小科死活不愿去。这时，他才吞吞吐吐地说出了原因。听完之后，妈妈很生气，她教训小科道："小科，借的东西就必须要还！你弄丢了王阿姨的伞已经不对了，还一直逃避责任，不愿意说出实话。这是非常不诚信的行为，会让别人失去对你的信任啊！"

接着，妈妈带着小科去买了一把新伞，到王阿姨的店里道歉。听小科妈妈说明情况之后，王阿姨不仅没有责备小科，反而称赞他有实话实说、勇于认错的好品质。

知识链接

开诚布公：以诚心待人，坦白无私。开，打开，拿出；诚，诚意，真诚；布，公布，现出；公，公平，公道。

小实践

小科做错了什么？他又是如何改正的？借了别人的东西之后，你该怎么做？

城里的朋友

 朋友之间，不仅要互相帮助，还要彼此诚实，信守自己的承诺。这才是真正的好朋友！

暑假到了，小川在征得爸爸妈妈的同意后，决定回乡下与爷爷一起度过这个假期。离开城市来到乡下，远离喧嚣，呼吸着新鲜空气的小川心情非常愉悦。

没过几天，小川就与邻居小斌成了好朋友。每天小斌都带着小川上山捕鸟，去河里捞虾，玩得不亦乐乎。几天之后，他们玩得有点累了，小川想："小斌已经带我见识了那么多乡下有趣的东西，我也要介绍城里好玩的给他啊！"

于是，他忙在行李中搜索，找到了一个平时很喜欢的玩具——一个小西瓜般大的变形金刚。拿着玩具，小川就到隔壁去找小斌玩了。一见到变形金刚，小斌激动得嘴都合不拢了，这可是他第一次见到这么大、这么精致的玩具啊！小斌拿着玩具摆弄起来，一会儿把玩具变成人形，一会儿把玩具变成一辆小卡车，爱不释手。

小川见到小斌这么喜欢变形金刚，也很高兴，于是他大方地说："小斌，既然你这么喜欢变形金刚，那我就借给你好了，你只要在我回去之前还我就行了。"小斌高兴极了，忙说道："真谢谢你！我一定按时还给你！"日子就这么一天天地过去了，小川和小斌融洽相处，每天都过得很开心。

一天早上，小川的舅舅突然从城里开车赶来，说小川家里有急事，便匆匆将他接走了。小川连和小斌道别的时间都没有。过了两天，小斌发现小川消失了，才从小川的爷爷口中得知他已经回到城里了。

小斌的心里既对小川非常不舍，又很着急——小川的变形金刚还在自己这儿，自己答应了要在他离开之前还给他的！小斌心想，这么好的玩具可是非常贵的！于是小斌决定要去城里将变形金刚还给小川，只有这样自己才能安心。

小斌向小川的爷爷要了小川家的地址，就匆匆忙忙地坐上了开往城里的汽车。来到小川的家，分别多时的好朋友此刻见面，很开心地拥抱在一起。

接着，小斌对小川说明了自己的来意，并郑重地将变形金刚交还给了他。小川见小斌特地赶来还东西，非常惊讶，也非常感动。他又与小斌紧紧地拥抱了一次，并真诚地对他说："小斌，你不仅是我的好伙伴，还是我的好榜样啊！我应该学习你信守承诺的好品质！"

知识链接

物微志信：微，小；志，心意；信，诚实。物微志信意为生物虽小，但心意诚实，本指虫吟鸟鸣，准确及时，现在常比喻人地位不高而内心诚实。

小实践 小斌信守承诺的行为给了你什么启发？你有过失信于好朋友的行为吗？如果有过，就勇敢地向他道歉吧！

借书风波

 失信于人并不是一件小事,有时它不仅会伤害自己,还会伤害到身边的人。

小芳的舅舅从市里给小芳带了一本《格林童话》回来。小芳开心极了,每天都抱着书读。同班的小红很羡慕,要知道,她们所在的小县城根本买不到这么好看的书啊!

所以,当小芳刚看完的时候,小红就请求小芳将书借给自己看。小芳同意之后,叮嘱道:"你可要好好地爱惜哟!还有,放假之前一定要还我,我还想放假时再看一遍呢!"小红连连点头,就将书抱在了怀中。

书中的故事多么精彩啊!才短短一个星期,小红就将书读完了。正当小红准备将书还回去的时候,小云找到了她。

原来,小云也知道了小芳有一本《格林童话》,她一直都很想看,可她不好意思向小芳借,所以就找到了小红。面对小红,她信誓旦旦地保证道:"放心吧,我一定会在放假之前还给你的!"看到小云诚恳的眼神,小红便信任地将书交给了她。借到书的小云满心欢喜地将书带回了家。

一眨眼的工夫,就到期末了。突然,小芳找到小红,问她:"小红,这已经是学期的最后一天了,《格林童话》你怎么还不还我啊?"小红这才想起当初的承诺还没有兑现。

小红支支吾吾地说道:"对不起……我忘了,现在书不在我这儿……"听了这话,小芳气愤极了,说道:"你怎么能这样说话不算话呢?当时我们说好的事情,你也是保证了的呀。以后我再也不会借东西给你了……"

听到小芳的指责,小红有口难辩,谁叫自己把书借给了小云呢!小红越想越委屈,眼泪在眼眶里打转。小云知道这件事情后,内疚极了。毕竟是自己不守信,才害得小红受到了责怪。

第二天一大早,小云就带着书去找小芳,并把书归还给她,向她解释了事情的来龙去脉,希望她能够原谅小红和自己。小芳愉快地接受了小云的道歉。小云又找到小红,请求她原谅自己不守承诺的行为。

后来,三个人成了好朋友。

知识链接

让我们扬起理想的风帆期待诚信,让诚信像一根小小的火柴,燃亮一片心空;像一片小小的绿叶,倾倒一个季节。

小实践 在这个故事中,小红和小云分别做错了什么?她们应该怎样做才会是诚实守信的好孩子呢?

循环不止

 借东西要还不仅是说要及时归还,而且还意味着别人的东西不能不经别人的同意就借给第三个人。

运动会快到了,小舟想要用相机将运动会的每一个精彩瞬间都记录下来。不过,相机前几天被小希借去了,于是,小舟去找小希,想要回相机。

看到小希,小舟微笑着说:"小希,运动会要到了,我要拍些照片,所以请你把相机还给我。"

"好啊,你别这么客气。"小希拍拍小舟的肩膀说,"可是我今天没带来,我今天回家找一找,明天给你带来。你看这样行吗?"

"好的。"小舟满意地回答。

不过,小希并没有把相机放在家里,而是借给了乐乐。他刚刚只不过是在搪塞小舟。

小希马上找到乐乐,说道:"乐乐,我有点事要用下相机,所以请你把它还给我吧。"

"我今天没带,回家找一找,明天给你带来好不好?"乐乐对他说道。

"好的。"小希满意地点了点头。

可是,乐乐又把相机借给了小红。

于是,相同的"剧情"又在小红和乐乐之间展开了。

这样,小舟想要第二天就把相

机给要回来显然是不可能的事。至少,这么多人之间的互相转手就会耽误不少时间啊。

果然,第二天当小舟找到小希时,小希就结结巴巴、语无伦次了。

小希平时说话挺利索的,今天是怎么了?小舟疑惑地问道:"小希,到底怎么回事,是不是把相机弄丢了?"

"没有没有。"小希急忙解释道,"只是我把它借给了乐乐,我昨天要乐乐还相机,但是到现在乐乐也没有还给我。"

于是,小舟马上就去找乐乐问个究竟。

见到乐乐后,小舟才惊讶地发现原来自己的相机被转借了许多次。几经周折,小舟终于将相机拿回。这时,小希不好意思地找到小舟,向他道歉说:"对不起,小舟,我不应该不经你同意就把相机转借给他人,影响了你使用。"

"没事,这不是拿回来了吗?"小舟说道,"只要你认识到这样做不对并能及时改正,我就很高兴了。"

"谢谢你,小舟。"小希不好意思地说道。

知识链接

信守不渝:形容坚守信用不变。渝,改变。

小实践 你是否也有过类似的经历?如果有过,若再遇到这样的情况,你该怎样做呢?

有破洞的牛仔裤

借了东西不仅要还,还要完璧归赵。犯了错误不仅要承认,还要及时弥补。

小碧和小茉是邻居,她俩虽然不在一个班,却总是一起上学放学,课间休息也要凑在一起聊几句,是"穿一条裤子"的好朋友。这不,小茉班上准备春游,她想穿得美美的,就找小碧借裤子来啦!

原来小碧在外打工的姐姐曾经给她带回来一条牛仔裤,简单时尚,穿上它爬山跑步都很舒适,小碧爱不释手,虽然穿了一两年,但还是喜欢。小茉也一直喜欢这条裤子,正逢春游,她就赶紧来找小碧求助啦。不出所料,小碧毫不迟疑地把牛仔裤递给她,两个小伙伴又说笑着买零食去啦。

春游这天,小茉套上牛仔裤,觉得又精神又舒服,和同学们去山上享受草长莺飞的美景。可事情总有意外,在下山的过程中,小茉一不小心摔倒了,膝盖被刮伤了。还好这条牛仔裤比较有韧性,减小了膝盖和地面的摩擦,所以小茉伤得并不严重。可是牛仔裤却被磨出一个洞来,像只眼睛,无辜地望着外面的世界。

小茉心急如焚,知道这条裤子是小碧的最爱,她如果知道了,指不定怎么生气呢,可是自己也没办法给她再买一条一样的来呀!小茉一筹莫展，赶紧回到家，希望妈妈能帮她一把，她急得眼泪都在眼眶里打转呢。妈妈听说后，很高兴小茉是个有责任心的孩子，安慰她说："没事，裤子破了我们把它修补好就行，相信小碧一定不会怪你的！"小茉这才安心，翻箱倒柜找了一件旧衣服，从上面剪下一个五角星形的布贴，和妈妈一起一针一线地缝到牛仔裤上，恰好遮住了破洞。

等不及明天，当晚小茉就将牛仔裤送还给小碧，向她解释了前因后果，并真诚地向她道歉，希望小碧会喜欢这条"挂了彩"的牛仔裤。说完后，小茉将裤子打开展示给小碧看。小碧一看就乐了，不仅没有怪罪小茉，反而开心地说："这下好啦，我又有了一条更新潮好看的牛仔裤了！"

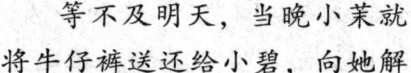

知识链接

言无常信，行无常贞，惟利所在，无所不倾，若是则可谓小人矣。
——荀子

 小 实 践　你有没有过借了东西之后不小心使它破损的经历呢？如果有的话，赶紧想办法弥补吧！

一个发霉的面包

知识点 面对不诚信的行为,我们不能因此让自己也成为不诚实的人,而应当坚守自己的诚实和正直。

丁丁中午忙着玩游戏,什么东西也没吃,现在他饿了,想到小区门口有一家小卖部,他连忙出门准备买点吃的补充能量。一进店,丁丁就看到柜台上放着一个面包,"这仅剩的一个面包一定是老天爷专门为我准备的!"丁丁高兴地付了钱,还没到家,就迫不及待地撕开包装大口咬了起来。咦,味道怎么不对劲呢?丁丁仔细一看,只见上面居然还稀稀拉拉地分布着绿色的霉点,保质期已经过了好几天!

生气的丁丁连忙回到小卖部去质问,没想到话一说出口,店家比他还不高兴,说:"你可别污蔑我啊,你有什么证据证明这个面包是从我这儿买的呢?别妨碍我做生意,快走吧!"

丁丁无言以对,只好出门。正当他手足无措时,经过的阿山见他郁闷,忙过来问出了什么事,丁丁便把事情的经过告诉了他。知道原因后,阿山也气愤极了:"哼,这些无良商家,我们要想个什么办法报复他才好。"听到这话,丁丁突然灵光一现,说:"我想起来了,上次我买东西收到了10块钱假币,干脆我们拿来在这家店用了,让老板也知道被骗的滋味！"阿山连忙赞成："就这么办，我们这叫以牙还牙！"

丁丁跑回家，翻箱倒柜地找那10块钱假币，这动静引起了爸爸的注意，于是丁丁将前因后果告诉了爸爸，还满心希望爸爸能支持他的做法。谁知爸爸立即阻止了他，还训道："这样的想法是非常不好的，孔子说'以直报怨，以德报德'，我们不能因为别人犯了错误就让自己也犯错。要知道使用假币是违法行为！爸爸希望你以后不论遇到怎样的人和事，都要保持自己的诚实和正直，这样才能成为一名真正受人尊重的君子啊！"

丁丁这才醒悟过来，明白了自己的想法是不对的，这不是君子所为。他便找到阿山，分享了自己的感悟。两个小伙伴听从了大人的建议，拨打了12315投诉店家，这时丁丁才长出了一口气：做一个诚实正直的人，是多么轻松、无所畏惧啊！

知识链接

成书在理不在势，服人以诚不以言。
——苏轼

小实践 当你遇到类似的情况时，试着用正确的方法去维护自己的权益。

穷追不舍

知识点 借东西不还绝不是一件小事，如果长期借东西不还，那必将招致他人的唾弃。

阿本是班上出了名的"坏家伙"，他在同学们的心中形象可坏了！大家说起他总是叹气摇头，不愿意同他做朋友。大家拿他还真是没办法。

他究竟为什么这么讨人厌呢？

原来啊，他总爱说大话，说话做事总是不讲诚信。所以大家都不大愿意与他打交道，因为和这样不诚信的人交往，大家心中没什么谱，不敢信任他。可是阿本却不以为意，特别是他觉得借东西不还没什么大不了的。用他自己的话说就是，"有什么大不了的嘛，不过就是些小玩意儿，借了不还也没什么。"

对于这样无赖的人，大家都非常看不惯，心中对他很生气。

比如阿林就特别气愤，非常讨厌并看不起阿本。

原来，阿林曾经借给阿本许多东西，但是阿本一件都没有归还过，而其中有些东西还是阿林很看重、很珍惜的。所以阿林就对阿本很不满。

有好几次，阿林实在忍不住，"登门造访"阿本的家，让他把自己借给他的东西还回来。可是每次阿本都说出各种理由搪塞了过去。而最令人气愤的是，本来理亏的阿本，竟然比阿林还要理直气壮。他满不在乎、不屑一顾的态度真的可以让任何一个脾气好的人都产生一种想打他的冲动。

最近,阿林又去找阿本,让他还东西。当然,不出所料,阿本再一次以各种荒唐的理由拒绝归还。不过,这一次阿林倒是事先做好了准备。

阿林说:"阿本,我今天把话给你说清楚。如果你再不还东西给我,我以后见你一次打你一次,到时候别怪我不客气。你要知道,我就是之前对你太客气了,所以你现在才敢这么嚣张。以礼相待的日子已经到头了,先礼后兵的道理我相信你也是明白的。"

看到阿林这样的架势,阿本着实吓了一跳。他想,必须要把东西还给阿林了,可是,他哪儿拿得出来啊。每次借别人的东西他都不放在心上,这会儿他根本找不出来,即便找出来也大多是"身首异处"的。于是,他就又搪塞阿林说:"这样,你先消消气,让我找找,一会儿给你送去。"

阿林瞪了一眼阿本,想着懒得跟他纠缠,便离开了。

果然,阿本再一次食言了。他又一次将他那本来已经满是裂痕的诚信打碎。忍无可忍的阿林也下定了决心,以后看到阿本就打他。

之后,教室里时常上演"穷追不舍"的好戏,阿本再也不敢碰见阿林,而阿林对他总是穷追猛打。

知识链接

Promise is debt. 一诺千金。
A man of his word. 言而有信的人。

小实践 阿本的行为如果在你的周围发生,你会怎么做?

"透明"墨水

借了别人的东西要好好保存,要尽量做到完好无损地归还给别人,这样别人才会愿意再把东西借给你。

兵兵的手紧紧捏着钢笔,飞速地在作文本上写着字。正当他专心致志之时,他却发现笔下的字迹越来越淡,越来越干,原来没有墨水了。兵兵忙将抽屉里的墨水瓶拿出来,不幸的是,墨水瓶里空空如也,一滴墨水也没有了。这时兵兵可着急啦,一会儿就要交作业了,自己现在去买墨水的话一定来不及了。

于是,他不好意思地问同桌莎莎:"把你的墨水借我用下行吗?我的用完了。"莎莎一听这话,就非常乐意地将墨水瓶递给了他。兵兵汲完墨水之后,见莎莎正在认真学习,不好意思打扰她,便顺手把墨水瓶放在了自己的书包里。不一会儿,放学了,兵兵和莎莎都匆匆忙忙地收拾东西回家了。

回家之后,兵兵整理书包时才发现自己把莎莎的墨水带了回来,他想明天早上一定要记得带去还给莎莎。兵兵坐下来,开始做未完成的作业,等到终于做完时,他打开墨水瓶,重新把笔汲满墨水,便开始收拾明天要带的书和文具。可他一不留神,"咚"的一声,墨水瓶被他碰倒了,乌黑的墨汁源源不断地从瓶里流到了书桌上。

见此情况,兵兵一边责备自己刚才太不小心,居然忘了盖墨水瓶盖,一边急忙拿卫生纸将桌面清理干净。将一切收拾妥当后,兵兵松了一口气。这时他面对着没剩多少墨水的瓶子一筹莫展,明天就要把墨水还给莎莎了,这可怎么办呢?

正在苦恼的兵兵"急中生智",他想:"平时将墨水挤到清水里,水就会变色,那现在我将水灌在瓶里,不也看不出来吗?"说干就干,兵兵忙用自来水将瓶子灌满,然后盖紧瓶盖摇了摇,将墨水和自来水混在一起。这时他还对自己的行为颇为得意,以为别人都看不出异样呢!

第二天,兵兵虽然有点害怕,但还是故作镇定地将墨水瓶递给了莎莎,还连声道谢。莎莎正需要墨水呢,她将盒子打开,取出墨水瓶。咦?她一眼就看出了墨水的颜色比平时淡了许多,平时非常浓稠的墨水,此时居然变成了透明的!

她怀疑地问兵兵发生了什么。见到事情穿帮了,兵兵只好如实说出了原委。莎莎听后哈哈大笑,半责备半开玩笑地说道:"兵兵,你看,难道这透明墨水还能够写字吗?"听完这话,兵兵脸红了,他在心中暗下决心:"以后借了别人的东西一定要完璧归赵!"

此后,兵兵以次充好,还"透明"墨水的故事就在班上传为笑谈。

知识链接

完璧归赵,本指蔺相如将和氏璧完好地从秦国送回赵国,后比喻把原物完好地归还物品主人,出自西汉·司马迁《史记·廉颇蔺相如列传》:蔺相如受命带宝玉去秦国换十五座城池,见秦王没有诚意,凭着自己的聪明才智,终于使宝玉完好回归赵国。

小实践

如果加水之后的墨水真的不会被人看出来,那么我们是否可以这样做呢?

被遗忘的玩具车

 借了别人的东西,应该主动按时归还,这才是取得别人信赖的好方法。

春节是阿菊最开心的时候啦!每年这个时候,不仅有好多好吃的,长辈们还会满足你的心愿,送你一些礼物。这不,姨妈刚刚就带阿菊上街挑了两个礼物送给她,一个是毛茸茸的会发出音乐声的玩具熊,另一个是一辆能够安上电池开动的四驱车。收到这两个礼物,阿菊满心欢喜地回到家中。

正好表哥柯柯来家里找自己玩,阿菊平时最喜欢和表哥一起玩儿了。这时她大方地拿出自己的新玩具与表哥分享,表哥也很爱玩玩具,所以两个人玩得不亦乐乎。不知不觉中太阳就要落山了,吃过晚饭后,表哥准备回家了。

看到表哥真的很喜欢那些玩具,也希望表哥还能常来找自己玩,阿菊便忍痛割爱,主动将两件新玩具一起递给表哥,说道:"表哥你拿去玩吧!下次你再来找我的时候带过来就行了。"看到表妹这么可爱懂事,表哥很高兴,自己又确实很喜欢这两个玩具,于是他便欣然收下,保证道:"好,那我下次拿来还你!"

过了一段时间,柯柯想起自己很久没去找阿菊玩了,又想起自己还要把那两样东西还给她,于是决定今天就去找表妹。可临出门时,柯柯看到那辆自己平时最喜欢的玩具车,又舍不得那么快就将它还了。于是,他想,干脆先还一件吧,下次再将玩具车还给表妹也行。就这样,玩具车被他留在了家中。

时间过得真快啊！转眼间一年就过去了，又到了春节的时候，柯柯在家中整理房间，这才在箱子里发现了那辆自己已经遗忘了的还没还给阿菊的玩具车。这时柯柯愧疚极了，虽然现在他不还这辆玩具车表妹一定也早就忘了，但他还是决定要做一个诚实的人，要做表妹的好榜样。借了别人的东西就要还，这不是最基本的常识吗？

于是，柯柯毫不犹豫地拿起了玩具车，奔向了表妹家。阿菊看到表哥专程来还玩具车，非常感动，因为自己早已忘了借出过这辆玩具车，可表哥还记得，并主动将它物归原主。以后自己要向表哥学习，在"借"与"还"的小事中，体现出自己的诚信。

知识链接

你拍一，我拍一，不睡懒觉早早起。
你拍二，我拍二，别人玩具不乱拿。
你拍三，我拍三，借了东西要归还。
你拍四，我拍四，做错事情要承认。
你拍五，我拍五，帮助别人要热心。
你拍六，我拍六，朋友团结又友爱。
你拍七，我拍七，水电粮食要珍惜。
你拍八，我拍八，爱护公物不损坏。
你拍九，我拍九，升国旗时要立正。
你拍十，我拍十，人人都要讲诚信。

小实践 借了别人的东西，是否应该及时地归还？如果无法按时归还，应该怎样做呢？

消失的参考书

知识点 借了别人的东西就应该按时归还,逃避和撒谎都是没用的,只会让你越来越失去别人的信任。

小浩望着书上的习题抓耳挠腮,心里难受极了,他想,自己明明上课认真听讲了呀,怎么还是不能解答出来呢?于是小浩焦急地左顾右盼,突然,他发现坐在自己后面的瑶瑶居然已经把所有的习题都答得满满当当了。小浩羡慕极了,忙向瑶瑶请教。

瑶瑶非常热心,不仅耐心地向小浩讲解了题的做法,还主动说道:"其实我会做这些题,也不是我自己想出来的,大部分还是这本参考书的功劳啊!"说着,她就拿起了桌上一本红色的参考书向小浩展示,小浩忙拿过来翻阅,认真地看着上面的内容。

看到他爱不释手的样子,瑶瑶很高兴,便大方地对他说:"如果你需要用的话我可以借给你,没关系的,只要你不把它弄坏就行!"听到这话,小浩很开心,急忙保证:"好的,我保证不会弄坏!那我用完了就还你!"小红听了,满意地点了点头。

可遗憾的是,那本参考书的命运却并不像他们所预想的那样好。

原来，那天小浩用完之后，便将书顺手放在了抽屉里，后来就忘了要归还它。并且邋遢的小浩总是把东西乱七八糟地堆在一起，需要的东西老是找不到。因为这个坏习惯，那本参考书便消失了。

这天，小浩做习题的时候又遇到了障碍，这时他才想起来应该把那本书找出来。可是，他将整个书桌翻了个遍，还是没有找到那本书。这时，小浩有点急了，但他没办法，只好在心里默默地盼望瑶瑶能够忘记这件事情。

然而现实总是不尽如人意，第二天，瑶瑶就要用这本书了。她友好地拍了拍小浩的肩膀，问他："我的参考书你还在用吗？这会儿我得看了，请你还给我吧。"一听这话，小浩本来准备坦白，可是想到自己之前的保证，他又犹豫了，他多怕瑶瑶说他是一个不值得信赖的人啊。

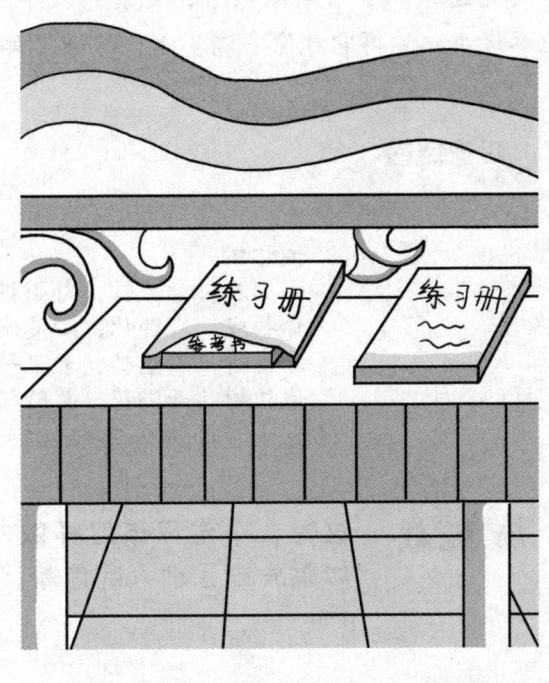

于是，他故作糊涂地回答道："咦，那天我不是还给你了吗？那天上体育课回来，你不在，我就放在你桌上了呀！"听到这个答案，瑶瑶疑惑了，自己可一直没有看到那本书呀，而且自己的书一直都放置得很整齐，不会被自己弄丢的。

可瑶瑶又怕冤枉了小浩，于是埋着头仔仔细细地将抽屉检查了一遍，还是没有发现参考书的踪迹。等她再问小浩，小浩就一口咬定自己在那天就已经还了。这样瑶瑶也没办法，只好无奈地叹口气说："唉，不知道落在哪儿了，找不到，算了吧。"

那么，这本消失的参考书到底去了哪里呢？其实呀，它确实还在小浩的抽屉里，只不过被夹在了一本大的练习册中间，所以小浩才没有找到。这天，小浩要交这本练习册，正好小组长是瑶瑶，他顺手就将练习册递给了瑶瑶。瑶瑶拿起练习册一看，咦？怎么比平时要厚一点呢？她把练习册一翻开，只见自己那本红色封面的参考书就在眼前！

这时，瑶瑶已经明白了事情的原委。她生气极了，想小浩明明就没有把书还给自己，居然还骗了自己！亏自己还那么相信他，以后再也不把东西借给他了！

瑶瑶拍了拍小浩，将参考书递给他，对他说道："既然你舍不得将这本书还给我，那我就送给你好了，但是我永远都不会再相信你了！"听到这话，小浩惭愧极了，他真想找个地缝钻进去。此时他看到那本参考书，觉得它就像一滴墨水，污染了那张考验自己品质的试卷。

知识链接

诚信树：
小朋友，爱诚信，勾小指，不反悔。
你帮我，我帮你，心灵诚，品行美。
流真情，不虚伪，表里一，似明镜。
诚信树，开满花，笑脸扬，心儿飞。

小实践 这时，小浩应该怎样做才能够弥补自己的过错呢？如果失去了别人的信赖，要怎样才能挽回？

还 书 记

 信守承诺,不失信于人,是对别人的尊重,也会使自己得到别人的尊重。

宋林是一个很喜欢看书的好学生,无论是历史的、地理的,还是人物传记、文学名著,他都爱看。同学们知道他爱看书,就叫他"小书虫"。

不仅如此,这条"小书虫"还是一个诚实守信、一诺千金的好孩子。他曾经的一次借书经历,成为后来同学们交口称赞的诚信做人的榜样。

一次,宋林借了一位老师的书,说好了是要一个月之后还回去的。可是呢,快要到期限了,宋林还一半儿都没有看完。由于这本书非常好看,宋林真是有些舍不得,他还想再继续看。

所以,宋林非常无奈:一边期限就要到了,一边书又没有看完,而自己又十分喜欢这本书。无奈,宋林只有将这本书给复印下来,这样既可以按时把书还给老师,自己又可以在家里把剩下的慢慢看完。"真是两全其美啊!"宋林想。

于是,宋林就去把书给复印了下来。

到期的前一天,宋林从家里出发去还书。无奈的是,宋林的家离老师家还有很远的一段距离。他要坐老远的车才能到得了老师家里,而且恰好由于当时多个路段在修路,路上堵得厉害,所以宋林这一路可谓"路途劳累"啊!

终于,宋林到了老师的家。

从诚信出发

老师刚一打开门,看见宋林,就惊讶地说:"宋林,你怎么跑这里来了呀?"宋林回答说:"借书的期限已经到了,我是来还书的。"老师又惊讶地问:"那你得跑这么远过来,好累呀,你可以下周上课时再还我啊!再说,这书一个月你看完了吗?"

宋林诚恳地回答说:"呵呵,还真是挺累的,书我也没看完。但是期限到了,我就必须得还回来。我已经将剩下的部分复印了下来,所以我还可以回去继续看,您就放心吧。"

听到宋林这样回答,老师更是惊讶,不过,更多的还是感动!

老师激动地称赞道:"好孩子,守信好学,将来必有出息!呵呵,这还真有些像明代的宋濂啊!"

听到老师的夸奖,宋林有些不好意思,连连谦虚道:"哪里哪里。"

后来,老师很是器重宋林,在学习上尽力帮助他,宋林的成绩也是一天比一天好,同学们也更加喜爱宋林。

知识链接

宋濂,字景濂,号潜溪,别号玄真子、玄真道士、玄真遁叟,汉族,浦江人,元末明初文学家,曾被明太祖朱元璋誉为"开国文臣之首",学者称其为太史公。宋濂与高启、刘基并称为"明初诗文三大家"。

小实践 宋林不失约于人获得了什么?宋林美好的品质给了你什么启发?你能做到像他一样吗?

不再这样犯错

> **知识点** 诚信是人与人之间搭建信任的桥梁。所以诚信待人，可以赢得他人对你的微笑。

小米是一个活泼可爱的小学生，平日里善良老实，文明礼貌，深得同学和老师的喜欢。可是，有一天她还是犯了一个不该犯的错误。

事情是这样的。

那天是星期五，放学铃声一响起，大家就兴奋地冲出了教室，因为快到周末了，可以好好休息两天了，所以大家都很激动。

不过，小米和小雅并没有像其他同学一样，兴奋地冲出教室，她们还坐在教室的座位上说着什么。

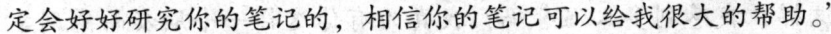

"那真是谢谢了，"小米说道，"我一定会好好研究你的笔记的，相信你的笔记可以给我很大的帮助。"

"没事，只要能在学习上帮助到你，我会非常高兴的。"小雅说，"不过，你可别忘了周一带给我哟，周一我还得去问老师一些问题，我还有一些内容不是太懂。"

"哦？"小米惊讶地说，"那你周末不回家再想想吗？"

"呵呵，不了，事实上，我这个周末要出远门玩玩，所以我早已经将这周的学习任务完成了。"小雅微笑着说。

"哦哦，那好那好。"小米笑着说。

于是，两个小朋友就这样说再见了。

到了周一，小米像往常一样早早地起床，收拾好东西去上学。可是她却忘了带上小雅的笔记本，走到半路才想起了这件事。

"糟了，这下该怎么办？回去？不行，这样准会迟到的。"小米在心中纠结着。

"算了,就说我忘记了吧,谁不会偶尔遗忘一些事情呢?"小米对自己说道。

到了学校,小米十分愧疚地对小雅说:"小雅,对不起,我忘记带你的笔记本了,真的非常抱歉。我今晚一定给你送到家里来。"

听到小米说笔记本忘带了,小雅不免有些着急和失落。可是看小米这般真诚的态度,小雅觉得自己也不好再多说小米什么,所以她就对小米说:"算了吧,反正你也忘了,就明早给我吧,你晚上跑来也挺麻烦的。"说罢,小雅就走开了。

看着小雅走开的背影,小米不免觉得自己做得有些不对。于是在接下来的一整天里,小米都觉得自己的内心有些不安:"自己明明是可以回去拿的,自己对小雅食言了,没有履行朋友之间的诺言,这样以后别人还怎么能相信我呢?"

这样想着,终于在放学时,小米叫住了小雅,将事情的经过说了出来,并请求小雅的原谅。听着小米说的这些话,小雅十分感动,她紧紧地抱住小米,对小米说:"没事儿,那没什么,我原谅你。你可知道,你这样让我感到多么温馨吗?我真为有你这样一个朋友而感到幸运、幸福。"

听着小雅的这么一番话,小米有些意外,同时深深明白了一个道理:诚信是人与人之间搭建信任的桥梁。所以诚信待人,可以赢得他人对你的微笑。

知识链接

欺人只能一时,而诚信才是长久之策。

——约翰·雷

小实践 如果小米没有跟小雅解释,她们还会像以往那样毫无隔阂吗?

守住信念

知识点 如果你永远保持着一份信念,即坚守诚信,那么你一定会赢得他人的喜爱与赞美。

小军是个很聪明的孩子,平时活学善思,对周围的事物充满了好奇。他有一个爱好,那就是喜欢拿着手里的手机拍照,特别是身边所发生的美好的、让人感动的、珍贵的东西,他希望将这些美好的瞬间定格下来,自己也可以从中陶冶情操,找到生活的力量,获得一些创作的灵感。

这不,今天下午学校举行毕业典礼,小军心想:"这可是好机会啊,那些学长学姐毕业了,一定会有许多让人感动的地方,我可要把它们都给记录下来。"

可是,小军手上的手机拍照功能并不是特别强大。如果想拍一些高质量的照片,他还得去借一个相机。于是他想到了邻居王爷爷。

原来王爷爷也是一个摄影爱好者。自从退休之后,王爷爷就带着自己的相机四处搜寻美景。

中午回家后,小军找到王爷爷,请求他把相机借给自己用一下。王爷爷爽快地答应了小军,但是告诉他下午5时前一定要将相机送还回来,因为他晚上要去参加一个晚宴,需要用相机。

小军拍着胸脯向王爷爷保证,相机一定准时送还。

下午2时毕业典礼准时开始,可是到了5时都还没结束,而小军在这难得的毕业典礼中完全将自己之前的承诺给忘记了。

六点毕业典礼结束了,小军才猛地想起了自己应该是5时之前就将相机送还到王爷爷手中的。于是,小军赶紧收拾好自己的东西往家赶。他到家时已经6时30分,只见王爷爷的家门紧闭。很明显,王爷爷已经走了。

想到作为摄影爱好者的王爷爷没有相机,小军很自责。就这样,小军在王爷爷家门口一直等着,他想这样或许可以减轻自己因没能信守诺言而产生的负罪感。

终于,晚上9时王爷爷回到了家里,还背着一个黑色的大包。王爷爷看小军坐在自己家门口,不解地问他这是怎么了。

小军羞愧地低着头说："对不起王爷爷，我没有信守诺言。我说过的5时之前将相机送回来，可是我忘记了。我没有履行诺言而给您造成了不便，害您不能在晚宴上拍照留念，对此我十分抱歉。"

听了小军的话，王爷爷先是一愣，然后笑着说："呵呵，傻孩子，王爷爷可是一点都没放在心上。其实啊，爷爷我还有一个相机，所以即便你没有按时还回来，我也是不会受到影响的。倒是你，你今天为了坚守诚信这般执着，还给王爷爷我好好上了一堂诚信教育的课啊！"

听王爷爷这么说，小军不好意思地挠了挠头，笑了。

知识链接

东城翘楚以诚立笔走龙蛇扬文字，
北府精英凭信争气冲霄汉点江山。

小实践

如果换作是你，你会做和小军一样的行为吗？你觉得小军除了得到了王爷爷的夸奖之外，还得到了什么？

第5章 置「诚」于「借」

关键的一票

 当你不诚实守信的时候,你一定要小心,因为有一天你会为自己之前的行为付出代价。

阿青和小胜本是很好的朋友,可是现在他俩再也不和对方说话了,形同陌路,谁也不搭理谁。这是为什么呢?

在阿青看来,就是因为一个月前的班长竞选中,最后的关键一票,自己的好朋友小胜竟然没有投给自己,而是投给了别人。对此,阿青非常不理解。为了这件事,他还和小胜大吵了一架。

可是,换一个角度,小胜可不认为两人的友谊变得如此糟糕是因为这件事,而且自己在班长竞选时不将选票投给自己的好朋友阿青,是有理由的。

那么,到底是怎么一回事呢?究竟是什么让曾经的好朋友形同陌路呢?

原来,这和班长竞选前一周的一件事有关。

那天,阿青借了小胜的笔记本用。因为想在考试中获得更好的成绩以在班长竞选中有更大的优势，所以阿青就将学习成绩优异的小胜的笔记本借回家好好参考学习。

本来，这是一件很好的事情，朋友之间互相帮助，大家都非常开心。可是，约定好第二天还笔记本的阿青却忘记带笔记本了。这让小胜非常无奈，再有一天就考试了，自己可还要复习呢！

本来这就让小胜很郁闷了，可是阿青的态度更是让小胜非常无语。阿青竟然只是随便丢下一句话，说"我忘带了"，就走开去忙着准备他的竞选活动了。看着阿青这般不顾他人的行径，小胜的情绪由无奈逐渐变为愤怒。

终于，到了班长竞选投票这一天。小胜是最后一个投票的，在他之前，竞选的两人恰好打成了平手，所以小胜的投票将会是决定性的。

在投票前，小胜想到了阿青借笔记本这件事，于是他就将选票投给了另外一个人。

对此，阿青非常生气，就找到小胜理论。小胜只是平静地对他说："阿青，我这次之所以不把票投给你，是因为你那次借了我笔记本没还而且态度还不好。你的行为体现了你的不诚信、不负责任。我认为班长不应该有这样的行为，所以我就没有将那张选票投给你。"

听着小胜的话，阿青非但不理解，从中吸取教训，反而责怪小胜没义气。

　　看着阿青如此反应,小胜非常失望,这次争论也就到此结束了。后来,小胜尝试着改变阿青的心态思想,可是都不行。于是,俩人就形同陌路了。

　　这样一来,对阿青来说,他不仅丢掉了班长的职务,而且更重要的是还失去了一个好朋友。

知识链接

> 诚者天之道,君子养心莫善于诚;
> 信义人之本,志士修身唯执乎信。

小实践 如果你是小胜,遇到了阿青这样的朋友,你会怎么做?如果你是阿青,你觉得你的行为对吗?你从这个故事中学到了什么?

一支笔惹的祸

> **知识点** 诚信让彼此真诚相对，而欺骗只会惹祸，最终让人失去朋友。

"叮……叮……"考试结束的铃声尖锐地响起，小蓉无奈地将手中的笔还给同桌，接着，她生气地将另一支笔拍到身后小安的桌上，愤怒地说道："小安，我再也不会相信你了，你真是一个不诚信的人！"

看到小蓉眼眶中打转的泪水，小安又羞又悔，连忙道歉，但是他因不诚实而惹下的祸已经无法挽救了。

事情究竟是怎么回事呢？这要从昨天说起。小安正写作业时，发现自己的中性笔没墨了，于是问前座的小蓉有没有笔借给他。当时小蓉正在朗读英语，不需要用笔，便乐意地将自己的中性笔借给了小安。

借到笔后，小安并没有在当天将笔还给小蓉，他也懒得再去买一支新的。直到第二天，来到教室之后，小安才突然想起来今天要考数学，而自己都还没买笔呢！这可怎么办呢？在这焦虑的情况下，小安见小蓉还没有到教室，连忙将小蓉中性笔中的笔芯装到了自己的笔壳中，而把自己的空笔芯放在了小蓉借给自己的笔中。

小安想："反正小蓉应该还有其他笔可以用，而且笔芯被用完是很正常的嘛，她不会发现我换了笔芯的。"于是他小心翼翼地将笔放在了小蓉的桌上。

可事情就是这么巧，平日一直很仔细的小蓉今天走得太匆忙，忘

从诚信出发

了带自己的文具盒,心中正在担心今天的考试自己会没笔用。到教室后,她发现小安已经将笔还了回来,便坦然地等待着考试了。

直到开始填写试卷时,小蓉一用笔,才发现它不能出墨,原来笔壳里装着的是一支空笔芯。小蓉非常着急,可同桌也只有一支笔,小蓉又不敢在考试时间向前后的同学借笔。她心里急得真像热锅上的蚂蚁——团团转,但没有别的办法,只好等到同桌将试卷做完之后,再借他的笔来匆匆填写。

考试铃声响起时,小蓉还有三道题没来得及做呢!这次考试她的成绩一定很不理想,这对小蓉该是多大的打击呀!因此,才发生了刚才的一幕。

正是小安悄悄地将不能用的笔还给了小蓉,才导致小蓉的考试出现了意外情况,也导致小安失去了一个信任他的朋友。这支不能用的笔,惹下了多么大的祸呀!

知识链接

诚信是沟通心灵的桥梁,善于欺骗的人,永远到不了桥的另一端。

小实践 这是一支笔惹的祸,还是小安的不诚信惹的祸呢?